英语教学

基于教育生态化的英语教育教学实践

JIYU JIAOYU SHENGTAIHUA DE YINGYU JIAOYU JIAOXUE SHIJIAN

知识产权出版社
全国百佳图书出版单位
—北京—

图书在版编目（CIP）数据

基于教育生态化的英语教育教学实践/尹平著. —北京：知识产权出版社，2021.9
ISBN 978-7-5130-7666-1

Ⅰ.①基… Ⅱ.①尹… Ⅲ.①英语—课堂教学—教学研究—高等学校 Ⅳ.①H319.3

中国版本图书馆 CIP 数据核字（2021）第 167428 号

责任编辑：国晓健　　**责任校对**：谷　洋
封面设计：刘　伟　　**责任印制**：孙婷婷

基于教育生态化的英语教育教学实践

尹　平　著

出版发行：知识产权出版社有限责任公司	**网　　址**：http：//www.ipph.cn
社　　址：北京市海淀区气象路50号院	**邮　　编**：100081
责编电话：010-82000860 转 8385	**责编邮箱**：guoxiaojian@cnipr.com
发行电话：010-82000860 转 8101/8102	**发行传真**：010-82000893/82005070/82000270
印　　刷：北京九州迅驰传媒文化有限公司	**经　　销**：各大网上书店、新华书店及相关专业书店
开　　本：787mm×1092mm　1/16	**印　　张**：12.5
版　　次：2021 年 9 月第 1 版	**印　　次**：2021 年 9 月第 1 次印刷
字　　数：200 千字	**定　　价**：68.00 元

ISBN 978-7-5130-7666-1

前 言

教育生态学理论自提出至今，其研究内容逐渐系统化，涉及构成整个教育生态系统的群体、教育活动本身以及教育活动所处生态环境这三个要素及其之间的相互关系，从而能够深刻揭示教育生态系统运行中的基本规律，因此，教育生态学已经成为一种被越来越多的教学工作者广泛采用的教学理念和教学策略。而大学英语教育生态化研究，即是对基于生态学理论对大学英语教育教学中的各种现象及问题进行深层次的整合，并通过优化资源配置进一步促进改革实践的发展，从而使大学英语教育教学获得实效的研究。基于此，本书从高校英语教育出发，通过对英语教育教学概述、基于教育生态化的英语教育教学研究、基于教育生态化的英语教育教学的理论支持、基于教育生态化的英语生态课堂构建、基于教育生态化的英语教育教学模式构建、基于教育生态化的英语教育教师的发展六部分内容进行详细的阐述，为大学英语生态课堂建设提供理论支持，同时，进一步推进教育生态学的良性发展。此外，在本书的写作过程中，参考、借鉴了国内外许多专家学者的专著、论文和研究报告，在此对这些学者表示衷心的感谢。同时，对于本书中未列出的引用文献和论著，我们深表歉意，并同样表示感谢。不过，由于时间及水平所限，本书难免存在不足之处，我们真诚地欢迎各位专家、读者对本书提出宝贵的意见和建议。

目　录

第一章　英语教育教学概述

20 世纪 80 年代以来，世界各地的英语教育教学已经有了更大的发展，英语教育在整个国际教育中的地位是举足轻重的，各种各样的教学机构、教学法和教材不断涌现。可以说，英语教育已经走向鼎盛时期。因此，本章从现代英语教育教学基础理论与英语教学改革方面的内容入手。首先探讨了英语教育教学的理论依据和基本原则，然后对教学改革的现状进行分析，并对其发展趋势进行了论述。

第一节　现代英语教育教学基础理论

得益于几十年的发展，英语教育在我国已经有了长足的进步，毫无疑问，这是我国英语人才的主要成长途径，长期以来都得到了社会各界的普遍重视。在这种情况下，了解现代英语教育教学的基础理论，对于英语教师更好地掌握教育教学活动中的各种细节、做好教学实践工作是非常重要的。本节即通过教育内涵、教育要素、需求分析、教育原则等部分，对现代英语教学工作进行总体概述，希望能够帮助读者对英语教育有更加全面的了解。

一、现代英语教学的内涵

从教育内容的角度对英语教育进行分析，可以发现其既是语言教育，又是文化教育。在英语学习过程中，这种语言与文化相互交叉的特征使得英语学习难度比较大，显得较为复杂。与此同时，在“活动”的视角下，英语教育又是一种教师对学生进行指导的教育活动和学生在教师指导下的学习活动，因而涉及师生双方的互动，有多种可供师生选择的互动内容和形式。学生的发展，英语教育目标的实现，良好的互动效果是其中的关键，又通过学生对语言及文化的掌握得以体现。

具体来说，英语教育的内涵主要包括以下三方面的内容。

1. 英语教学是有目的的活动

在英语教育中，学段、学期、教材、单元等都有不同的教学目的和教学目标，教学目标又可分为不同的领域或层次。学生需要到达相应的领域，或达到相应的层次，教师才能实现教学目的与教学目标。而对学生来说，则是实现了学习目的与学习目标。

2. 英语教学是系统且有计划的

英语教学是系统且有计划的，也可以被理解为英语教学具备系统性的计划。其主要由教育行政机关、教学和研究部门、学校的教学管理者等制定。另外，英语教育的内容也是系统性的，包含语音、词汇、语法、阅读、写作等具体知识和技能，而且一般也是由教育行政机关来最终确定的。不过，这些由上级部门和学校管理者所确定的系统性计划与内容大都是比较高层次的，并不具体，一线教师仍然有巨大的选择权，可以采用以上级部门或管理者要求为基础的具体的教学计划并添加其他有效的教学内容。当然，教师的最终决定不能影响英语教学计划与内容的完整性和系统性。

3. 英语教学要采用合理的教学方法和教育技术

英语教育经过深刻的历史积累，形成了大量有效的教学方法。现代科学技术，特别是信息技术的发展，为英语教育提供了更为丰富的教育技术。这些教学方法和教育技术不可能单独出现，一定会呈现出各种组合，所以这里所说的合理主要是组合之后的合理。只对单独的教学方法和教育技术是否合理进行讨论是没有意义的。

综上所述，我们可以将英语教育的内涵归纳如下：教师可以根据一定的英语教育目的和教育目标，在有系统性的计划和内容的基础上，利用一定的方法和技术传授英语知识，促进学生英语核心素养乃至整体素质发展的、教与学相统一的教育活动。

二、现代英语的教学原则

现代英语教育主要遵循的原则如下。

（一）兴趣性原则

兴趣是最好的老师，这是广大教师耳熟能详的一句话。教师必须重视兴趣在教育活动中的巨大作用，要采取一切可以在英语教学中使用的方法去调动学生的情感内因，激发学生对英语学习的强烈愿望，让他们喜欢学习英语知识，主动追求更好的学习效果并最终在师生的共同努力下创造出良好的教学效果。

英语教师在调动学生的学习兴趣时，可以从以下几个方面入手。

1. 充分尊重学生的主体性

教育是一个积极正向的过程，是充实学生的学识和精神世界的过程。换句话说，学生是教育活动的主要受益者，也是关键性的作用因素。所以，教师要明确认识到英语教育的主体是学生。只有通过学生的积极尝试和创造，英语教育活动才能达到预期的效果，学生也才能获得语言认知能力等语言素养方面的发展。因此，教师应从学生的心理和生理特点出发，遵循语言学习规律，采用多种教学方法，这样才能达到培养学生兴趣的目的。

2. 摒弃死记硬背、机械训练等传统的英语教学方式

在英语教育中，还需要存在一定程度的反复记忆及训练活动。比如对新单词的记忆，不可能完全脱离反复的背诵和练笔。但反复记忆和训练与死记硬背和机械训练不同，后者只会导致课堂教学僵化无趣，从而使学生失去或降低对英语学习的兴趣。为此，教师应科学设计课程，以学生感兴趣的方式帮助他们获取知识，加快知识的内化进程。要让他们在听、说、读、写等语言交际实践中灵活运用语言知识，将语言知识转化为英语交际的工具。这样不仅能使学生获得交际能力，也会相应提高综合素质，学生的学习兴趣自然会得到巩固和加强，同时在反复的沟通交际中完成记忆的训练过程。另外，教师评价学生时，要重视学生的态度、参与学习的积极性、努力的程度、交流的能力、合作的精神等。

3. 深挖教材

教师在备课过程中要认真研究教材，发掘教材中能够引起学生兴趣的内容和话题，每节课都要通过这些发掘出来的可以激发学生兴趣的内容来设计教育活动，最大限度地提高学生的积极性。例如，英语教育活动可以将日常生活中常见的交际形式——人、物、景色的介绍等——转移到课堂上。另外

还要创造条件并鼓励学生，让学生在日常生活中使用课堂上学到的英语知识。长期坚持下去，使得学生所逐渐习惯在课堂上出现生活中常见的交际形式，推动学生的英语交际能力逐渐提高。

4. 加强师生交流

教育是教师和学生之间的互动过程，课堂上的知识传授和技能培养总是与学生的行动同时进行的。如果教师在传授知识和培养技能，而学生无动于衷，那就成了教师自己唱“独角戏”，根本算不上教育活动。如果学生在行动中带有积极良好的感情，就会成为教师教学活动的兴趣和动力。在这方面，学生对授课教师的态度经常会起到关键性的作用。因此，教师应在严格要求学生的同时，用眼神、手势、表情、语言等方式，积极努力营造能够影响学生和谐学习的氛围。教师还可以通过多种形式与学生真诚交流，与学生交朋友，赢得学生的尊敬和喜爱，鼓励学生向教师倾诉，帮助他们解决学习和生活中的各种问题。在良好的师生关系中，教师必然是对学生的进步给予及时的鼓励和称赞的，这样不仅能培养学生的自信心，还能有效地调动学生的学习兴趣。

（二）学生中心原则

以学生为中心的教育原则来源于美国教育学家杜威的“儿童中心论”。杜威认为，尊重人类自由的天性，遵循教育的自然规律，对儿童的发展起着重要的作用。所以教学活动一定要以学生为中心，教师心中要一直有学生，教师的教学要建立在学生的认知之上，教学的一切工作都要以学生的学习为中心进行。备课、上课、修改学生作业时，教师都要考虑包括心理在内的学生综合需求，分析学生掌握知识的情况，安排和调整自己的教学策略和计划，以适应学生的需求。只有以学生为中心，学生才能明确学习意义、学习内容和学习目标。这样，学生才能看到奋斗的目标，看到已经取得的成果，有信心学习，在学习的道路上勇敢前进。在具体的教学活动中，教师主要应从三个方面做到以学生为中心。

1. 制定合理的教学方案

教学方案是教学活动的根本环节。教师应根据学生的语言接受水平和语言运用能力，制定合理的英语教育目标、教育课题、教育计划、评价方法等。这些都是教学方案不可或缺的有机组成部分。

2. 认真分析教材，认真备课

教师在分析教材时要充分理解和掌握教学内容，根据学生所处不同阶段的实际情况及其学习能力，调整教学目标和教学任务。还要根据平时交流中了解到的学生需求，优化处理教材内容，创新教育活动。这些做法的主要作用，是将教材与学生的经验联系起来，使教材内容成为教学问题的连接和师生对话的中介，挖掘出教材在实现教学效果上的巨大潜力。

教师的课程准备也要考虑学生的实际情况。在教学活动设计中，教师可以采用课堂提问、作业、测试等多种手段，以获得学生实际情况的反馈。另外，教师应根据学生的学习水平、接受能力、学习方法、学习风格、学习态度等来设计和调整教育活动。只有在备课中发散思维，确定新型教育理念，具备对教育活动的预测能力，才能有效地实现教育目标。总之，教师的教育准备和教育活动设计要从学生的角度出发，保证所有学生都能参与到教育活动中，努力让学生成为教学活动的主体。

3. 使用适当的教学方法和手段

实行学生中心原则，要求教师根据学生的特点灵活选择教学方法和手段。直观的教学方法有助于学生直接感受和理解语言，通过视觉和听觉加深印象，加强记忆，激发学生参与的兴趣。在小学、初中阶段，可视化教学手段能适应学生直观的思维特点，因此教师应该选择能够激发学生学习兴趣和好奇心的媒体展示形式（如幻灯片、图片、音视频等），让学生能够根据个人需求积极参与课堂学习，更自然地认识语言。另外，教师要利用课堂空间设置场景，调动学生参与课堂活动的主观能动性。

不过需要注意的是，强调以学生为中心并不是完全否定和排斥教师在教育过程中的重要作用。即使是杜威，也认为在以学生为中心的教育模式下，教师应该发挥出比传统教育更重要的作用，做出更大的努力。在以学生为中心的教育过程中，教师要从主导者转化为引导者，其主要作用在于帮助学生加快学习进程，优化学习成果。学生遇到困难时，教师要及时给予帮助，指导学生找到解决方法，使学生的困难能及时得到解决。当看到学生愿意接受学习任务时，教师应该给学生更多的锻炼机会。而在看到学生的学习情绪不高时，教师则要及时鼓励，提高学生的学习热情。学生在学习上取得成绩时，还要及时提出更高的要求，使学生始终有一个追寻的目标，进而不断努力。

由此可见，以学生为中心的教育模式是充分尊重和发挥学生学习主体性、重视教师引导作用、师生共同合作的新型教育模式。

（三）阶段性原则

英语教育的阶段性原则包括三个含义：

（1）学生在学习语言时，是从口语开始，逐渐转换成书面语的。这一点在学生幼年阶段学习汉语这一母语时即有着鲜明的体现。而英语也有口语和书面语两种形式。另外，从语言发展的历史来看，也是先有口语，再有书面语。因此，学生学习英语要从听说开始，逐渐转变为读写。在难度上，口语词汇使用比较频繁，句子结构简单，比书面语容易学，因此也容易激发学生的积极性和自信心。最后，进行了有效口语学习的学生可以尽快获得日常生活所需的交际技能，有利于学习和生活相结合，使教学更为生动活泼。所以阶段性的第一重含义，就是从听说开始，然后过渡到读写。

（2）听、说、读、写是英语的四项基本技能，需要全面发展，但中国大部分学生缺乏英语的语言环境，所以英语听力教学成为他们获得英语语音知识和掌握语音语调的唯一途径，听力教学还有助于学生学习基本的词汇和句子结构，为培养读写能力奠定基础。因此，在英语学习的初级阶段，教师应加强“听说”教育，每节课都应尽可能为学生创造良好的语言环境，让学生在充分的听力练习中学习英语，通过教师和学生之间的语言交流，不断巩固所学的英语知识，并在已有经验教训的基础上持续优化，灵活调整，在培养听说能力的基础上逐步向“读写”教育转变。

（3）提高英语能力不是某次教学活动一次性的应用即可实现的，而是一个循环上升的过程，逐步深化，螺旋式发展。但是这种循环并不是简单的重复，而是以旧带新，从已知到未知，以以前的学习为基础，深度和难度逐渐提高。因此，教师在教学上要保证教学内容前后之间紧密联系，前面教的内容要为后面的内容奠定基础，后面教的内容也要复习以前学过的内容。也就是说，教师要注意从学生现有的语言知识和已经熟悉的语言技能中生发新知识，培养新技能。

（四）灵活性原则

作为生活必要组成部分的语言，是一个充满活力、不断发展的开放系统。在英语的有效教学中，要遵循灵活性的原则，才能贴合语言工具的本质。特别是在教学方法、学习方法及语言使用方面，教学活动一定要灵活、多样、有情趣。

1. 教学的方法要灵活

英语教育主要关注的对象可以分为语言知识和语言技能两个方面。语言知识包括语音、词汇、语法等，语言技能包括听、说、读、写四个方面，后者在上文中已经有所提及，这里不再赘述。而在这四方面技能中，又包含很多微技能，不同的微技能有不同的特点。另一方面，学习者存在各种各样的差异，教育者也会在能力和思维上有所区别。因此，在英语教学过程中，要结合教学内容和师生双方的特点，创造性地开展多种教学活动，充分反映教学方法的多样性和创新性，使英语课新鲜有趣，从而激发学生学习英语的热情，培养学习兴趣，发掘学生潜力。

2. 学生的学习要灵活

学生学习的灵活性很大程度上取决于教学方法的灵活性。教师应帮助学生改变单纯靠记忆的机械学习方法，探索符合语言学习规律和学生生理、心理特点的自主学习模式。这样学生才能自我引导、自我激励、自我督促。

3. 语言的使用要灵活

语言学习的最终目的是在各种沟通方式中加以使用。教师应该通过自己对英语的灵活使用来影响学生对英语的使用。在课堂教学中，教师要尽可能多地使用英语，包括用英语说明、用英语提问、用英语布置作业，让学生感到所学的英语是活的语言。教师还可以通过灵活的作业设置让学生灵活使用英语，注重提升学生的实践能力。例如，让学生轮流做报告、讨论陈述或介绍时事新闻等。上述各种措施都可以有效增强语言使用的灵活性。

（五）真实性原则

由于学生学习英语的最终目的是交流，因此，他们学习的内容自然应尽可能遵循真实性原则。关于英语教育真实性的讨论始于20世纪70年代。从那时起，学者们越来越多地讨论关于英语学习真实性的问题，包括语言材料、教学过程、课堂活动和文化因素等各个方面。下面，将对主要的四个方面的真实性问题进行详细探讨。

1. 采用语用真实的教学内容

英语教学内容不仅包括教材，还包括学生可以学习的任何材料，如学生在各种场合见到的英语句子、课外的英语材料以及各种自觉或不自觉的英语练习。目前来看，我国的英语教材越来越强调真实性，旨在让学生接触真实的自然语言，了解交流中所使用的真实话语及其背后所代表的语言文化，使得课堂活动和社会交流之间能够建立起联系，以便学生可以明确意识到他们所学的语言是现实生活中可能会出现的语言。因此，英语教师在进行英语教学之前，应从实践的角度认真分析教材内容，包括文本句子的结构含义和实际含义，理解句子的上下文关系及其中所透露出的情绪、态度、语气、意图等。只有教师先明白了这些要素，才可以在教学时将其准确地传达给学生，让学生理解每个句子的真实意义，并从现有的教材出发去组织各种课堂内外的实践训练活动。以这种方式进行教学，教师更容易将其与现实语言实践相联系，发展学生的英语使用技能。

2. 组织语用真实的教学活动

英语课堂教学是通过一系列课堂教学活动进行的，尤其是在中小学英语课堂教学中，教学活动更加基础，涉及的方向也更多，包括情境演示、词句解释、案例描述及以上几个方面的整合等。这些课堂教学活动都与学生实际英语技能的发展紧密相关。从这里也可以看出，其实教育界早就意识到培养学生的实际技能必须贯穿于英语教学的整个过程，并融入语言学习的各方面训练中。为此，英语教师必须根据真实情境来确定指导思想，并以此来指导教育活动的设计与组织。在呈现教学活动时，不仅要呈现教学内容的真实含义，而且要清楚地呈现教学内容的上下文，这样才贴合真实生活，在学生眼中才是真实的。同样，所有描述性的话语都不仅在含义上必须真实，而且在上下文和实际意图上也必须是真实的，要符合真实逻辑。在练习巩固中，不仅应注意练习对象的实际语义，还应注意如何在上下文中表达出练习的真实意图。

3. 创建语用真实的学习环境

有一种观点认为，课堂教学环境本身不能提供真实性，因为它不能提供完全符合现实的社会交流场景。这种观点并不全面。众所周知，我国几乎所有学生都需要学习英语，但其中大部分学生没有出国留学的机会，去英语国家留学的则要更少一些，因此学生一般都缺乏完全真实的语言学习环境。此外，学习第二语言本身也不可能与第一语言完全相同，某种程度上甚至是对学生学习第一语言时所形成的语言思维的颠覆。但是，这并不意味着课堂教学活动不能培养出高水平的英语学生。实际上，教室本身可以成为学习和交流英语的真实场所。它是否能够充分发挥作用，取决于教师是否可以创造一个有利于学生学习的教室环境。例如，教师可以充分发挥课堂教学的潜能，结合学生的现实生活，设计学生感兴趣的各种活动，使老师和学生之间能够运用英语进行充分的交流。此时，教室虽然不是“外国”，却是一个极具“真实感”的学习空间。这不仅使学生能够积极参与英语学习，还能增强学生的学习信心，使学生融入各种现实角色，为学生未来面对真实场景下的英语交流打下坚实的基础。

4. 编排语用真实的评估方案

对于教育工作而言，测试评估在获得教育效果反馈方面起着非常重要的作用。通过设计实用的评估方案，教师可以发现学生实际能力的不足，从而制定和改进教育方案，在教学中更加直接、高效地进行学生实际能力的培养。具体到英语教育，可以有效发展学生的英语语言能力。在设计评估方案的时候，一方面需要考虑各种评估方式的基本原则，另一方面也要充分注意教师使用评估方案的能力。如果教师只是设计出了评估方案，但不能真正正确有效地应用评估的结果，反而会误导学生。而设计和结论都具备足够真实性的评估，可以帮助学生更自觉地进行学习，增强学生对自身英语技能的客观认识。

（六）交际性原则

教师在英语教育中应始终牢记一件事：学生学习英语的最终目标是依靠学习到的知识来实现英语交流。因此，在教学过程中，教师应始终遵循交际性原则，实现培养学生交际能力的最终目标。换句话说，学生需要利用所学的语言知识，在各种情况下与他人进行有效且恰当的沟通，这一点绝不能忽视。为了贯彻这一原则，教师应注意教育过程中的以下几个方面。

1. 正确认识英语教学性质

为了达到预期的可以帮助学生进行英语交际的目标，教师必须首先认识到英语教学的本质。英语教学是一个能力构建过程，教学、学习和应用在这一过程中形成有机统一，三者相辅相成，而应用在其中占据着关键性的位置。因为在实际使用过程，英语交流能力会获得自然的发展，这种发展不是仅凭了解围绕英语的各种语言理论就可以实现的。因此，在英语教育中，教师应始终给学生提供充足的机会，帮助学生通过练习来强化英语应用。

2. 明确英语属于交际工具

英语是一种交际工具，英语教学的目的是培养学生使用这种交际工具的能力。因为这种能力要通过使用来培养，所以只有教师明确将英语作为交流工具来进行教学，学生才能明白学习英语时要将英语作为交流工具。为此，教师和学生应该在课间和课后将其作为交际工具来使用。

另外，英语教育活动无论是整体还是细节上都应与英语交际紧密结合，努力实现在交际的过程中进行英语课堂教学。在英语教育中，教师或学生不仅仅是在教授或学习英语知识，更是通过交际实践来发展或塑造英语交流的能力。教师应尽可能使用各种辅助教育工具，通过为学生创造适当的环境，促使学生将英语作为交流手段，帮助他们进行贴合实际的练习。这样，学生不仅可以有兴趣和有效率地学习，而且还可以真正学习如何使用英语进行交流。

例如，老师可能会用汽车的模型或图片说出 car，让学生听和看，这样重复几次，学生就可以将汽车与 car 关联起来。不过，教师在这之后还需要让学生看着汽车，一遍又一遍地说出 car，这样当学生再看到汽车并需要围绕汽车展开英语交际时，就能够自然地说出 car。即使走在路上，看到街上的汽车，学生也可以不自觉地说出“This is a car.”学生用英语交流的能力会从无到有、从弱到强地发展。越早进行基于交际的英语教学，师生在之后的教学中就会感觉越顺畅，越能从容不迫。在较高的年级中，当教学中遇到更复杂的英语文本时，教师则可以使用漫画或其他方式，逐段地教导学生，将其改造为交际情境。通过反复的口语和写作训练，学生在课堂上应用英语交际的能力就会逐渐提升。

3. 灵活创设各种交际情境

在传统的英语教学中，许多老师只强调语法结构的正确性，而学生通过这种过于理论化的教学很难产生良好的英语沟通能力。如果教师想让学生具备英语交际的能力，即能够在正确的时间和地点，以正确的方式，与正确的人说正确的话，就需要创造一种交际环境来进一步提高学生的实际英语水平。比如，通过各种形式的交流活动来促进学生英语应用能力的提升。众所周知，使用语言进行交流总是会在某些情况下发生。场景要素包括时间、地点、参与者、交流方式、要讨论的主题以及其他因素。在某些情况下，某些因素（如交际发起人发起交际的时间、地点和个人背景）会限制交际的内容。此外，同一句子在不同情况下可能具有不同的含义和功能。例如，“您能告诉我时间吗？”单看这句话可以表示两件事。一种是问对方时间，是一种请求；另一种是责怪对方迟到。因此，在英语教育中，教学内容必须置于有意义的环境中，以便学生能够充分理解每个句子的含义。

在某些情况下，英语教学可以使学生沉浸其中，并增加他们学习英语的兴趣，为学生参与英语交际奠定基础。为了达到这一目的，在课程中，教师必须充分整合教材内容，利用现有教材，并在各种情况下组织学生进行英语交际活动，以取得良好的教育效果。此外，教师还可以设计基于任务的活动，以帮助学生通过完成特定任务来获取和积累相应的知识和经验。不过，这些活动必须具有交际性，以促进实现学生可以且乐于使用英语进行交流的目标。

（七）发展性原则

现代社会提倡终身学习，也只有终身学习才能适应快节奏的现代社会生活。因此，英语教育必须遵循可持续的发展性原则。这意味着教师需要教会学生如何自主学习，帮助他们掌握正确的学习策略。

学习策略指的是学生为实现有效学习和发展所采取的不同行动和步骤。英语学习策略有四种类型：

（1）认知策略。学生完成特定学习任务所采取的步骤和方法。

（2）调控策略。学生用来计划、实施、反映、评估和协调学习的策略。

（3）交流策略。学生为了获得更多交流机会、保持交流和改善成绩而采用的各种策略。

（4）资源策略。学生合理有效地使用各种教育资源来学习和使用英语的策略。

学生的英语学习成绩会受到许多方面的影响，如学生的心理特征、健康状况、学习基础、学习动机、学习策略、教师水平、学习环境、社会环境以及家庭环境，等等。在这些影响因素中，学习策略占有重要地位。当学生在学习过程中采用科学正确的学习策略时，他们可以有效地节省时间，避免走弯路，提高学习效率。因此，在英语教学中，教师需要帮助学生制定适合自己的学习策略，还要教会学生根据实际情况的变化对策略进行调整，最终有效地应用到实际的英语学习中，发展自主的学习行为技能，为将来的学习打下坚实的基础。

（八）巩固性原则

语言学习最大的特点就是遗忘，因此，教师在教学过程中要不断加强学生对语言的巩固，即巩固学生已经学习过的英语知识和技能。具体来说，就是要求学生的外语基础知识牢固，能够熟练地运用英语进行交流和学习。每上一节课，教师就应该让学生明白所讲的内容，即应该懂的是不是懂了，应该会的是不是会了，应该记住的是不是都记住了。学生不能不懂装懂，教师更不能不管学生能否接受而一味地讲授新知识，要在学生充分理解所学内容的基础上进行知识的深化和整合。贯彻巩固性原则要做到以下两个方面。

1. 强调当堂巩固

学生在学习英语过程中遇到的最大问题就是遗忘，这种遗忘是在刚开始学习时就产生的，且在学习后的最初阶段遗忘速度最快。因此，对所学知识进行及时的巩固就非常重要。一般来说，在学完新的内容以后应该立即进行巩固，也就是进行多次的强化。在教学过程中要特别强调立即巩固，即学完一个新知识点就要马上进行巩固，这样就会记得比较牢固。如果一味地学习而没有进行当堂巩固，学生就很容易忘记，无法取得良好的学习效果。

2. 组织经常性的复习

要想持续巩固已学过的知识，仅靠当堂巩固是不够的，还要进行经常性的复习，以便在头脑中形成长时记忆。在英语教学过程中，只有有计划地组织经常性的复习，才能够帮助学生熟练地掌握英语。组织复习时应注意以下几点。

（1）复习在外语课上每一课时都可以作为一个步骤来进行，起到一个承上启下的作用。

（2）在教学的各个步骤或各种练习中都应该注意新旧材料之间的联系，这样既是在学习新知识，同时也是在巩固旧知识，这也体现了复习。

（3）组织定期的阶段性复习。如果平时不注意复习，只在期末时进行总复习，时间就显得比较紧，前面学过的知识也容易被遗忘。因此，在拟定学期教学日历时就要对此加以注意。每学期可以安排若干次的阶段性复习，并且要进行测验以达到监督学生学习和检测学生学习效果的目的。

总之，巩固性原则的贯彻实施能够减缓学生对知识的遗忘速度，帮助学生在最短的时间内记忆最多的知识点，达到事半功倍的效果。此外，巩固性原则还要求教师在制订教学计划时考虑到阶段性复习在英语教学过程中的重要性。教师要协调好各项教学任务所占比例，尽量做到松紧适度。

（九）情感原则

英语教育离不开情感的支持。心理学研究表明，所有人类活动都伴随着情感体验，而情感体验在某种程度上主导着人类活动。如果某些活动可以触发令人愉悦的情感体验，则进行这些活动的人们就会倾向于主动模仿和重复，最终掌握新的经验认知；而令人不快的情感体验则会阻止人们的行为尝试。情感原则需要教师真正热爱英语教育和学生，并以此为基础，运用心理学理论和方法有意识地激发和调动学生在英语学习中的积极情感元素，增强学生的学习信心，提高英语教学的有效性，实现师生在教育中的共同参与和和谐发展，促进学生整体素质的提高。为了在教育过程中能够遵循情感原则，教师必须做到以下两件事。

1. 营造舒适愉快的学习氛围

（1）建立一种以相互尊重、相互理解和相互信任为特征的新型师生关系。教师必须关怀学生，并将此作为获得学生认可与信任的最重要支撑。教师不仅是学生学习上的导师，也是他们生活中的朋友。教师应该帮助学生识别他们面临的各种挑战，帮助学生总结经验教训以迎接这些挑战，树立学习信心。而从朋友的角度，教师则应始终关注学生的思想和家庭状况。

（2）营造一种舒适愉快的学习氛围，激发学生的学习动机和兴趣。兴趣是学习活动中最直接、最积极的推动力。学生的学习兴趣不仅可以转化为稳定的学习动机，而且可以促进学生智力的发展，启迪学生的智慧，发挥学生的潜力，达到提高学习效果的目的。教师应注意在课堂上培养学生不断使用英语的兴趣，培养学生对英语课堂的兴趣，帮助学生树立起正确的英语学习态度和信心，以有效促进学生身心健康的全面发展。

动机是英语学习的关键。无论是听、说、读、写技能的培养，还是英语知识的教学，如果不能激发出学生的学习动机，就不会取得预期的效果。没有氛围良好的学习环境，就不会有积极的语言交流活动。

2. 培养学生积极的情感态度

部分教育工作者对如何培养和发展学生在英语学习中的积极情感提出了以下建议。

（1）根据学习情况解决情感态度问题。在日常的英语课堂中，教师应注意培养学生积极的情感态度，并针对学生学习过程中出现的特定问题提供有针对性的指导，以帮助学生解决情感态度问题。

（2）建立情感态度沟通渠道。教师可以在课堂教学中建立情感态度交流沟通渠道，如营造和谐、民主、团结和相互尊重的课堂氛围，集体讨论一些情感态度方面的问题。而某些问题则需要教师和学生进行单独讨论。但是，无论在何种交流讨论中，教师都必须尊重学生的感受，不能伤害学生的尊严。同时，由于情绪具有内在和外在两种表达方式，所以教师应认真观察和理解学生的情绪态度，以培养积极的情绪、消除消极的情绪。

（十）正确使用母语原则

对于我国的大多数学生来说，他们的母语是中文。在学习英语之前，学生唯一掌握的语言就是他们的母语，使用母语来思考和交流，母语习惯根深蒂固，这必然会影响学生对英语的学习和使用。在英语教育中，母语将不可避免地产生迁移性影响。迁移性影响既有积极的方面也有消极的方面，如果使用得当，它将为英语教育带来积极的影响，促进英语学习并确保教育的有效性。教师应注意以下两点，才能遵循正确的使用母语的原则。

1. 适当用母语进行解释

在我国的绝大部分学生群体中，英语学习是在母语习得后进行的学习活动。在英语学习之前，学生已能用母语进行交际，他们的语言概念已经形成，甚至塑造着他们的思维方式。这时，用一种新的语言来重新解释概念就会比较难。而借助母语已建立起来的概念，教师只需要教会学习者一种新的符号表达形式，就可以使学习者较快和较好地掌握某些概念。因此，适当使用母语进行解释能起到清楚、明了和加深印象的效果。例如，在教单词 excuse、science 和 business 时，可以用中文对其进行解释：excuse 是借口，science 是科学，business 是商务或商业。而如果教师用英语对 excuse、science 和 business 进行详细的解释，这可能即使占用大量的教学时间，也不一定能解释清楚这些词。当然，虽然不同的语言之间存在差异，某些概念在不同语言中并不完全对等；但无论如何，母语的适当使用都会起到突出的效果。例如，有人认为 festival 可用 red - letter day 来解释，但 red - letter day 这个概念对于不同国家、不同民族来说，其理解和认识是存在着差异的。如在中国，春节是节日，而在英国却不是 red - letter day。因此，用汉语对 festival 进行简单的解释，能让学生更好、更快地对该词的意义有一个理解与掌握，但不能忽略这种做法的作用也是有限的。

此外，适当地使用母语进行英语教学还可以使学生更容易理解英语中某些结构和规则特点，能更好地理解教师开展的教学活动。而对英语结构和规则的正确理解有利于学生对英语的掌握和运用。同时，透彻地理解教师的指示也能使学生更充分地利用上课的时间进行英语实践，提高英语学习效果。例如，在教授现在完成时的时候，教师可以使用汉语对一般过去时和现在完成时的用法进行简单的讲述：一般过去时是用于描述过去的动作；现在完成时表示过去某一动作对现在的影响。从这个解释中，我们看到现在完成时所表示的也是过去的动作，但它侧重于该动作对现在的影响。如“I lost my watch.”表示的是过去的动作，但“I have lost my watch.”这句话则包含有“I lost my watch.”和“I have no watch now.”的双重意思。这样的解释，花的时间不多，使用汉语解释的句子也不多，但学生已能清楚地了解现在完成时的用法特点。

2. 通过比较帮助理解

正确使用母语可以促进母语和英语之间的比较，并使学习者更好地理解两种语言中每种语言的特征，从而消除母语在英语学习过程中的干扰。学习英语是一个非常复杂的过程。在此过程中，由于受母语系统的影响，学习者可能会不时地犯错。如果可以使用母语简要地讲授英语和汉语在特定上下文、特定结构和用法中的差异和特征，并将其与英语学习的内容结合起来，就可以通过比较使学习者理解英语知识。换句话说，英语教育要同时注意英语和汉语两种语言的特点。在使用英语进行交流时，应有意避免受母语系统影响造成的英语语言上的错误，从而提高使用英语的效率。

在进行英汉两种语言差异的比较时，教师可以适当使用语法翻译法。例如，在英语应用中，我们会经常看到学生写出了用英语形容词作谓语的句子，如“We very happy.”这种句子的产生很可能是受汉语的影响所致，因为汉语的形容词可做谓语，如“我们很快乐”。但英语的形容词在句子中却不能单独做谓语，英语形容词要与动词 be 结合才能做谓语。因此，在讲授英语形容词做表语时，可以把英文句子译成汉语，通过这种方式，学生能够很容易且直观地看到英、汉形容词在句法功能方面的差别，避免把汉语形容词的使用规则迁移到英语形容词的用法上去。

三、现代英语教学的影响因素

就目前来看，现代英语教学已经得到了社会的广泛重视，同时国家对英语教学的投入也很大，但是，其教学效果却不突出。随着全球化形势的不断发展，对英语教学的要求也在逐渐提升。因此，下面就从教师、学生、教学内容以及学校四个影响因素来进行分析。

（一）教师

教师是教育活动的组织者，是影响教育成果的最重要因素之一。作为英语学科的教师，需要冷静地意识到教师在课程中应该扮演的角色，同时充分发挥教师的领导作用。这里所说的教师角色是指在教学过程中教师的责任和职业特征。在传统英语教学中，教师的角色主要是教学和知识迁移的主导者。但是，随着教学理念的变化，教师的角色也发生了变化。现代英语教育中的教师主要扮演以下角色。

1. 传授者

所谓传授者，是指教师主要充当知识载体和信息源。在英语教学中，教师不仅需要传授知识，教授学习策略和方法，而且还应遵循生活化原则。

2. 提供者

教师是教学活动的“资源中心”。教师可以为学生提供学习活动所需的背景知识、答案、示例和机会。他们时刻准备着帮助学生，帮助学生取得更大的进步，促进学生的身心健康和全面发展。

3. 组织者

教育活动的成功主要取决于组织者。作为活动的组织者，教师主要是帮助学生了解他们自己想做什么和能做什么，让学生能够了解他们自己的学习活动任务。为此，教师必须清楚如何开展活动以及如何组织活动后的评估反馈。

4. 促进者

当学生难以应用英语交流、难以完成学习任务时，老师应在新知识和已学知识之间提供有用的信息或线索。帮助学生对学习内容进行比较，从而将知识和经验连接在一起，建立起新的认知。

5. 参与者

教师在组织学生进行课堂活动时应将自己也视为学生的一部分，并参加活动。这可以改善课堂气氛，加强师生之间的联系，帮助学生解决问题。通过师生双方的共同学习，可以发现很多教师自己原本想不到的新的教学策略和方法，从而提高英语教学质量。

6. 评估者

这意味着教师需要纠正学生的错误并对学生进行反馈。教师纠正错误的方式应该是开诚布公的，以避免学生产生误解。有组织地实施反馈是评估学生学习成果的有效方法，有助于确定学生是否真正掌握了英语学习方法。

7. 激励者

赋予动机是教师在以学生为中心的英语教育中应发挥的作用。在以学生为中心的教育中，教师从根本上将主动权交给了学生，指导、鼓励和促进学生的学习。激励者的角色要求教师具备广博的知识和说服学生的能力。

8. 研究者

每个教师都必须扮演起研究者的角色。除了特定的教育教学技能研究之外，教师还必须明确自己的研究方向和研究职责，不断发现和解决问题，将日常教学和研究结合起来，促进教学与研究的同时发展。

（二）学生

学生是课堂学习的主体。《现代汉语词典（第7版）》中“主体”的定义是“有认识和实践能力的人”。学生具有一定程度的知识和实践能力，因此他们可以成为学习的主体。在英语教育中，教师要让学生学习如何通过教材中的内容获得各种信息，进行比较、分析和总结，把握英语知识的内涵，了解英语语境下事物的本质，发现事物的内在联系，总结事物的规律，建立起科学的知识体系。通过学习英语，学生不仅可以发展自己的英语知识和英语沟通能力，而且可以在学习过程中培养独立学习技能，学会如何独立解决新问题。可以看出，学生的学习过程是不断丰富主观世界、不断完善和内化知识的过程。在教学过程中，教师应注意学生角色的特殊性和学生的个体差异。

1. 学生的角色

英语教育面向所有学生，要为学生的终身发展奠定基础。教师必须注重学生的学习风格，关心学生的学习需求、学习习惯和学习能力，培养学生的学习方法，让学生具备自我评估、激励、反馈和协调能力。学生在英语教育中的主要角色包括以下几种。

（1）主人翁。学生是学习和教育活动的主人翁。学生探索、发现、吸收和内化知识的实践不仅有助于学生逐步建立起自己的知识体系，还有助于他们塑造科学的世界观、人生观和价值观。

（2）参与者。教师必须激发学生对英语教学活动的兴趣，激发学生的参与热情，让他们享受英语知识的学习。在学习过程中，教师要促使学生充分思考，积极参与，发表意见，展示才能，保持强烈的学习热情。

（3）合作者。英语学习发生在教师与学生之间以及学生与学生之间，因此英语的学习过程也是一个团队合作过程。学生互相学习，互相促进，共同发展。相互交流与支持使每个学生都能感受到集体的力量，产生团队合作精神。

（4）反馈者。在英语教学中，学生根据学习经验和对教学方法的感受向教师提出建议，协助教师改进和完善教学方法，促进英语教学的进步。

2. 学生的个体差异

教育的根本目的是立德树人，教育者必须了解学生身心发展规律和个体差异。学生的个体差异，尤其是学习动机、学习态度和人格方面的差异，会影响学生理解和获得新知识的速度和程度。教师需要根据学生的个体差异制订教学计划，选择合适的教学内容和方法。

（1）认知风格。认知风格是指人们在处理（包括接收、存储、转换、提取和使用）信息（包括个人感知、记忆、思维和其他认知）的过程中表现出的持久而一致的认知组织和认知功能风格。认知过程中的差异还包括人格形成方面的差异，例如个人的态度、动机、认知功能和认知能力。每个学习者都有不同的认知风格，不同的认知风格具备不同的优劣势。但是，这并不意味着学生的学业成绩就会存在差异。学生有自己喜欢的信息处理方法，在学习时有自己独特的优势。但是，如果学生的认知风格与老师的教学风格以及学习环境的其他要素相匹配，那么学生的学习成绩就会更好。认知风格也会影响学生对学习策略和教学策略的选择。因此，教师在英语教学中要理解和尊重各种认知类型的学生，根据各种学习任务和学习环境以及自己的教学能力教育学生，提供适当的指导，将教学特点与学生的需求联系起来，从而取得良好的教学成绩。

（2）语言潜能。语言潜能是指学习外语所需的认知能力或学习外语的能力。努力提高学生的英语学习质量本质上是在培养学生的综合语言能力，而他们的语言潜能则由他们的认知能力决定。不同的学生在语言潜能上有一定的差异。在英语课程中，教师必须了解学生的语言潜能，并根据自己的教学水平来教育学生。这样，学生可以在不同的情况下、在不同的学习任务中利用自己的优势，达到事半功倍的学习效果。

（3）情感因素。在英语学习过程中，学生会受到个人情感因素的影响，如个性、态度、学习动机等。其中，个性是指一个人采取现实行为的心理特征。个性不仅是学生的重要情感因素，也是决定学生语言学习成功与否的关键因素之一。态度是一个人对另一个人或事物的心理倾向，比如为实现特定目的而付出特定努力。态度通常包括三个要素：认知、情感和责任。其中，认知要素是指对特定目标的信念，情感要素是指个人所感受到的特定目标的可能性，责任要素是指对特定目标采取行动的意图和实际行动。学习动机是指能够激励个人进行学习活动，维持已经发生的学习活动并朝着特定学习目标行动的内部过程或内部心理状态。学习动机是一种内部动机，可以直接促进学生的英语学习，对英语学习成果产生重大影响。

（三）教学内容

教学内容是指教师和学生为了实现教育活动中的教育目标而协作进行的知识、思想、见解、概念、原则、事实、技能、问题和行为习惯的总和。教学内容是学生认识和获得知识的主要对象，是师生开展教育活动的重要基础。没有教学内容，就无法开展教育活动。根据教育目标选择和确定教学内容，制定课程计划和课程标准，编辑教材；在课程中充分利用师生的积极性，激活教学内容，使学生有效学习，确保高质量的人才教育工作。这些都是教育有效性的重要前提。可以看出，教学内容也是影响英语教学效果的重要因素。英语学科的教学内容主要包括以下几个方面。

1. 语言知识

语言知识是英语综合能力的有机组成部分，也是语言学习和语言使用的重要组成部分。没有扎实的语言知识基础，就无法获得较强的语言能力。

例如，学生在英语学习中必须学习和掌握的基本语言知识包括语音、词汇、语法等。这几个方面的内容密切相关，组成一个整体。语音、词汇和语法还会反映在特定的学习主题中。当学生学习该语言时，除了要学习语言知识外，他们还必须学习语言的形式与技能。只有在掌握了语音、词汇和语法并且对语言功能有所了解后，学生才能使用该语言进行准确的交流。

2. 语言能力

学生需要学习和使用的四种基本语言能力是听、说、读、写，这四种基本语言能力是学生形成综合语言技能的重要基础和重要手段。英语教育的内容提供了听力、口语、阅读和写作四个方面的基本语言知识，也为学生提供了体验语言的机会，可以帮助他们更有效地学习语言知识。在这四个基本语言能力中，听力是辨别和理解单词的能力；口语是表达思想的能力，同时以口头语言的形式输出信息；阅读是识别和理解书面语言的能力；写作是使用书面语言的能力，这种表达想法的能力也是输出信息的能力。通过在听、说、读、写等领域进行全面的语言练习活动，学生可以建立起使用这四种技能的综合能力，并为进行真正的语言交流活动打下基础。

3. 学习策略

学习策略指的是学生为有效学习和发展所采取的不同行动和步骤。英语学习策略包括认知策略、调控策略、沟通策略和资源策略。学习和养成正确的学习策略，不仅可以提高学生英语学习的效率和效果，而且可以通过允许学生进行独立自主的学习行为，为他们的终身学习奠定基础。使用有效的英语学习策略可以改善英语学习方法，提高英语学习效果，并降低英语水平较低的学生的学习难度。教师应主动帮助学生制定适当的学习策略，监督和反映学生的学习过程和学习效果，促进学生根据自己的学习风格不断调整学习策略。为此，教师应该指导学生学会如何观察自己的学习，鼓励他们与他人交流学习经验，尝试不同的学习策略。

4. 情绪态度

情绪态度包括兴趣、动机、信心、意志和合作精神，以及影响学生学习过程和学习效果的所有相关因素，比如爱国情怀和在学习过程中逐渐形成的国际视野。在学习过程中，学生经常会受到价值观、意志力、学习动机等各种情感因素的影响，其中也包括教师的个性、态度、情感投入和教学风格。因此，教师有责任和义务在英语教学中关注学生的情绪，帮助学生发展积极的情绪态度。在英语教学中，教师应该不断激发并增强学生的学习兴趣，逐步将学生的兴趣转变为稳定的学习动机，建立起学习的信心，不断克服困难，引导学生正确认识学习的好处，培养学生愿意与他人合作的品质，促进学生形成健康进步的人格，在具备强烈民族自豪感的基础上形成国际视野。

5. 文化意识

在英语教育中，文化是指英语国家的历史、地理、习俗、生活方式、文学艺术、行为准则、价值观等。语言是文化的载体，没有文化，语言就会失去其思想、人文、智力和工具的特质。接触和了解英语国家的文化，不仅可以帮助学生更好地理解和使用英语，还可以帮助学生加深对英语国家文化的理解，有助于提高学生的人文素养和全球意识。英语学习与对英语表达和承载的文化的理解密不可分。在英语课程中，教师要渗透文化意识，向学生传播文化知识，培养学生文化意识和全球意识，并根据学生的年龄特点和认知能力逐步扩大文化知识的内容和范围。鼓励学生在学习其他国家的优秀文化的同时，更好地继承和发展中华民族的优秀传统文化，培养学生的文化创新意识与能力。

（四）学校

学校的关注和支持对于英语教学取得良好成绩至关重要。主要表现在以下几个方面。

1. 为英语教学提供时间保证

在英语教育中，英语老师经常不得不花费很多时间和精力进行备课。同时，学生在上课时也需要足够的时间进行学习，课后又要进行预习和复习。因此，学校必须确保在整个教育安排中留出足够的时间让教师进行教学准备和教学工作。

2. 为英语教学提供设施保证

当前英语教育的特点是方法灵活。为获得更好的教学效果，会需要很多种教学设施，如多媒体教学设备、特殊的教学活动场地和活动材料。此外，英语教学内容应该丰富多彩，要充分利用电子期刊、英语书报、教育软件及其他辅助材料。可以看出，英语教育的顺利发展离不开学校的资金投入。学校通过投资英语教学设施和材料，对英语教学效果发挥着积极作用。

3. 为英语教学提供机制保证

为了确保英语教学的顺利进行，学校必须为英语教师营造一个舒适的工作环境，积极解决英语教师的工作和生活问题，并为教研提供空间，不断为教师提供教研活动的机会。通过这些努力，英语教师可以深刻理解英语教育工作的意义和价值，提高工作热情和英语教育水平，确保英语教学效果。同时，学校可以通过在教育计划或目标中规定必须达到一定的英语水平来提高英语课堂教学效果，增强学生的学习动力，鼓励学生积极参与和投入英语学习。

第二节　高校英语教育教学原则与要求

大学英语是高等教育的必修课，它采用多种教学方法，借助外语教学理论，提升学生的英语知识水平和应用技能，培养学生的跨文化交际能力，指导学生运用有效的学习策略，提高学生的学习效率。

大学英语教育的最终目标是确保学生具备一定的英语沟通能力，重视对学生听力和口语能力的训练，提高学生的英语应用能力，为学生未来的职业和生活规划奠定坚实的基础。这是大学英语教育的现实目标。此外，大学英语教育从我国的社会发展和国际交流需求入手，重点是培养学生的自学能力，提高学生的综合文化素质，促进学生的全面发展。

一、高校英语教学的要求

不同地区的大学都有各自的办学目标和特点，大学英语教育不可能完全一致，需要根据不同大学的实际需求来制定英语教育指导计划与具体策略，要适应实际情况的变化，灵活调整大学英语教学的模式、内容和方法，实现个性化的英语教育。

在《大学英语课程教学要求》（2007 年版，以下简称《课程要求》）里对大学阶段的英语教学要求分为三个层次，即一般要求、较高要求和更高要求。这是我国高等学校非英语专业本科生经过大学阶段的英语学习与实践应当达到的标准。一般要求是高等学校非英语专业本科毕业生应达到的基本要求。较高要求或更高要求是为有条件的学校根据自己的办学定位、类型和人才培养目标所选择的标准而推荐的。各高等学校应根据该校实际情况确定教学目标，并创造条件，使那些英语起点水平较高、学有余力的学生能够达到较高要求或更高要求。

三个层次的英语能力要求如下：

1. 一般要求

（1）听力理解能力：能听懂英语授课，能听懂日常英语谈话和一般性题材的讲座，能听懂语速较慢（每分钟 130 ~ 150 词）的英语广播和电视节目，能掌握其中心大意，抓住要点。能运用基本的听力技巧。

（2）口语表达能力：能在学习过程中用英语交流，并能就某一主题进行讨论，能就日常话题用英语进行交谈，能经准备后就所熟悉的话题作简短发言，表达比较清楚，语音、语调基本正确。能在交谈中使用基本的会话策略。

（3）阅读理解能力：能基本读懂一般性题材的英文文章，阅读速度达到每分钟 70 词。在快速阅读篇幅较长、难度略低的材料时，阅读速度达到每分钟 100 词。能就阅读材料进行略读和寻读。能借助词典阅读本专业的英语教材和题材熟悉的英文报刊文章，掌握中心大意，理解主要事实和有关细节。能读懂工作、生活中常见的应用文体的材料。能在阅读中使用有效的阅读方法。

（4）书面表达能力：能完成一般性写作任务，能描述个人经历、观感、情感和发生的事件等，能写常见的应用文，能在半小时内就一般性话题或提纲写出不少于 120 词的短文，内容基本完整，中心思想明确，用词恰当，语意连贯。能掌握基本的写作技能。

（5）翻译能力：能借助词典对题材熟悉的文章进行英汉互译，英汉译速为每小时约 300 个英语单词，汉英译速为每小时约 250 个汉字。译文基本准确，无重大的理解和语言表达错误。

（6）推荐词汇量：掌握的词汇量应达到约 4795 个单词和 700 个词组（含中学应掌握的词汇），其中约 2000 个单词为积极词汇，即要求学生能够在认知的基础上在口头和书面表达两个方面熟练运用的词汇。

2. 较高要求

（1）听力理解能力：能听懂英语谈话和讲座，能基本听懂题材熟悉、篇幅较长的英语广播和电视节目，语速为每分钟 150 ~ 180 词，能掌握其中心大意，抓住要点和相关细节。能基本听懂用英语讲授的专业课程。

（2）口语表达能力：能用英语就一般性话题进行比较流利的会话，能基本表达个人意见、情感、观点等，能基本陈述事实、理由和描述事件，表达清楚，语音、语调基本正确。

（3）阅读理解能力：能基本读懂英语国家大众性报刊杂志上一般性题材

的文章，阅读速度为每分钟 70 ~ 90 词。在快速阅读篇幅较长、难度适中的材料时，阅读速度达到每分钟 120 词。能阅读所学专业的综述性文献，并能正确理解中心大意，抓住主要事实和有关细节。

（4）书面表达能力：能基本上就一般性的主题表达个人观点，能写所学专业论文的英文摘要，能写所学专业的英语小论文，能描述各种图表，能在半小时内写出不少于 160 词的短文，内容完整，观点明确，条理清楚，语句通顺。

（5）翻译能力：能摘译所学专业的英语文献资料，能借助词典翻译英语国家大众性报刊上题材熟悉的文章，英汉译速为每小时约 350 个英语单词，汉英译速为每小时约 300 个汉字。译文通顺达意，理解和语言表达错误较少。能使用适当的翻译技巧。

（6）推荐词汇量：掌握的词汇量应达到约 6395 个单词和 1200 个词组（包括中学和一般要求应该掌握的词汇），其中约 2200 个单词（包括一般要求应该掌握的积极词汇）为积极词汇。

3. 更高要求

（1）听力理解能力：能基本听懂英语国家的广播电视节目，掌握其中心大意，抓住要点。能听懂英语国家人士正常语速的谈话。能听懂用英语讲授的专业课程和英语讲座。

（2）口语表达能力：能较为流利、准确地就一般或专业性话题进行对话或讨论，能用简练的语言概括篇幅较长、有一定语言难度的文本或讲话，能在国际会议和专业交流中宣读论文并参加讨论。

（3）阅读理解能力：能读懂有一定难度的文章，理解其主旨大意及细节，能阅读国外英语报刊杂志上的文章，能比较顺利地阅读所学专业的英语文献和资料。

（4）书面表达能力：能用英语撰写所学专业的简短的报告和论文，能以书面形式比较自如地表达个人的观点，能在半小时内写出不少于 200 词的说明文或议论文，思想表达清楚，内容丰富，文章结构清晰，逻辑性强。

（5）翻译能力：能借助词典翻译所学专业的文献资料和英语国家报刊上有一定难度的文章，能翻译介绍中国国情或文化的文章。英汉译速为每小时约 400 个英语单词，汉英译速为每小时约 350 个汉字。译文内容准确，基本无错译、漏译，文字通顺达意，语言表达错误较少。

（6）推荐词汇量：掌握的词汇量应达到约 7675 个单词和 1870 个词组

（包括中学、一般要求和较高要求应该掌握的词汇，但不包括专业词汇），其中约2360个单词为积极词汇（包括一般要求和较高要求应该掌握的积极词汇）。

上述三个要求是作为各高等学校在制定该校大学英语教学文件时的参照标准。各高等学校可以根据该校实际情况，对三个要求中的听力、口语、阅读、写作、翻译以及词汇量的具体要求与指标作适当的调整，但要特别重视对听说能力的培养和训练。

二、大学英语教学的原则

大学英语教育随教学地点、目标或其他因素的变化而有所不同。但是不同大学的英语教育是有共同点的。对这些共性的分析能够总结出普遍适用于大学英语教育的原则。

（一）交际性原则

交流是语言学习的最终目标，人们将语言作为交流和表达思想的媒介。海姆斯（Hymes）1972年指出，交际是在特定语境中说话者与听话者、作者和读者之间的意义转换。根据传播学的定义，可以得出四个有关交流的认识：①交流有书面和口头两种形式；②交流必须在特定环境下进行；③要组织交流，至少必须有2个人参加；④交流是参与者之间的互动。

总之，交流的过程是在各种情况下正确表达语言的过程。大学英语学习不再局限于基本理论知识的学习，而是一种实用且系统的英语知识学习过程。由于学生实践能力的培养是大学英语教育的核心内容，因此大学英语教师必须充分认识到这一点，并积极营造多样化的交流环境，以提高学生的交流能力。教师应鼓励学生使用英语进行日常交流，以便学生运用所学知识实现提高其语言运用能力的目标。为了促进这一目标的实现，教师必须进行以下努力。

1. 认识本质

英语学习不仅是一个知识积累过程，而且是一门重要的技能培训课程。学习和使用英语是大学英语教学的基本组成部分，也是大学英语教学的核心。大学英语教育的关键不是学生可以获得多少知识，而是他们是否可以使用沟通工具来提升自己的沟通技巧。大学英语学习与很多其他学习活动相似，只有通过不断地练习才能提高学习效果。只有认识到大学英语教育的这种重要性质，才能更好地学习英语并发展英语技能。

2. 设计情境

英语交流应在特定的语言环境中进行，所以要根据语言交流的特质为学习者创造适当的环境。情境的设计应包括时间、地点、参与者、沟通方式（口头或书面）、主题讨论等。以上所有因素均对交流产生重大影响，双方的身份、年龄和学历都会影响交流的内容。有些具有较高社会地位的人的语言在交流中更加礼貌和正式，而有些中下阶层的人语言则更为口语化。各种现实情况对情绪和思想的表达都有重要影响，例如，"Can you tell me the time?"可能意味着某人需要知道当前的时间，或者是在指责另外一个人迟到了。因此，在大学英语课程中，就要为学生设计相应情境，尽可能与学生的真实生活联系在一起，以便学生能够更好地沉浸于英语学习中。这样不仅会增加学生的学习兴趣，还有助于学生更多地应用他们所学的英语知识，实现知识的巩固。

3. 精讲多练

大学英语教育主要是关于语言实践的。基于学生已经具备一定的英语知识，教师可以尽可能简洁地强调核心内容，进一步增强英语教学的实用性。因此，教学活动与实践的联系尤其重要，教师在讲解重要知识和基础知识的基础上要创设实践活动，以便学生在实践中发现和解决问题，展示沟通技巧，并将其所学知识结合到自己的实践活动中。教师要激发学生参与各种实践活动的热情，使学生可以通过长期的实践练习来提高英语沟通能力。

（二）以学生为中心原则

学生是教育活动的主体和内部要素，必须以学生为中心，充分激发学生的主动性，才能有效提高教育质量。所谓"以学生为中心"，是指根据教学过程中学生的实际情况，设计和组织教学活动，培养学生的沟通能力。

以学生为中心不代表忽视教师在英语教学中的指导作用，但也要充分调动学生的积极性，才能确保有效提高教学质量。在以学生为中心的理念下，教师必须创造适合学生的学习条件。教师的"教学"应该基于学生的"学习"，教师在所有教育活动中都要考虑学生的需求，并根据学生的反应调整其教育活动。要以学生为中心，教师就必须在以下几个方面强调学生的中心性。

1. 教材分析

在分析教材时，教师必须充分理解和掌握教材的内容，利用以往的教学经验选择教材中合适的教学内容，确定符合大学生实际情况的学习目标和任务。教师可以主动优化教材内容，以更好地满足学生的学习需求。

2. 备课活动

备课是教育活动的重要组成部分，教师可以通过备课来满足学生需求。因为教师能够通过课堂测验或考试成绩来了解学生的学习状况，这就使得教师可以根据学生的学习水平、能力、学习方式和学习态度来设计教学实践活动，这个过程就是备课的过程。教师应尽最大努力在备课中设计更多开放性的学习任务，以促进所有学生的参与，使他们真正成为学习的主人。

3. 教育活动

由于每个学生的个性和水平存在差异，因此教师必须结合每个学生的特点、兴趣和知识结构等实际情况来设计各种教学活动。例如，一些同学开朗、热情、善于交际，经常自觉地参与英语交流学习活动。而比较害羞内向的学生对英语教育交流活动的参与度就比较低。这要求教师全面考虑并尊重学生的个体差异，设计所有学生都可以参加的教育活动，充分调动每个学生的积极性，以便所有学生都可以有效地锻炼自己的英语能力。

4. 教学方法

在教学中，教师必须根据教学内容的特点选择最合适的教学方法，以提高教育质量。使用直观的教学方法可以唤醒学生的视觉和听觉，动员学生参与知识学习。如幻灯片和投影等手段，可以通过知识的可视化来强化知识的记忆效果，帮助学生更好地理解和记住知识。总之，如果能够灵活采用合适的教学方法，可以营造出更好的学习氛围，使学生在放松的状态下完成语言学习。另外，教师必须对学生进行及时评估，这样学生才能及时发现自己的不足之处。

（三）兴趣性原则

我国儒家经典《论语》中有一句话，“知之者不如好之者，好之者不如乐之者”。古代教育家孔子强调了兴趣在学生学习过程中的重要作用。俗话说，兴趣是最好的老师。学者周娟芬也提出了自己的兴趣观点。她认为，探索和追求世界的兴趣是学生学习的最大动力。学习兴趣激发了学生的学习动机，使他们能够积极参与学习活动。因此，大学英语教师必须在促进学生学习中发挥作用，培养和激发学生的学习兴趣以提高教学效率。为了有效地发展学生的学习兴趣，教师需要从以下几个方面入手。

1. 尊重学生

学生是学习的主体，并且是整个学习活动的重要参与者。在大学阶段，学生的世界观、人生观与价值观会逐渐形成。在教育活动中，教师不必根据自己的经验为学生规定必修的学习内容和作业，而要充分尊重学生的心理，根据学生的需求组织学习内容。大学是英语知识学习的一个新阶段。在这个新阶段刚开始的时候，学生可能会缺乏自制力，必须在老师的监督和指导下才能成功完成学习任务。随着时间的推移，学生就会具备越来越强的自我管理能力，可以对自己的学习负责。教师必须放弃以自己为主的教学模式，不要过多地干涉学生的学习，要尊重和理解学生的兴趣爱好和学习心理。

2. 摒弃灌输

交际练习是英语学习的高级阶段。在这一阶段，学生仍必须记住一些语法知识和词汇，并且要遵循一定的学习规律。教师在教学活动中要向学生介绍有效的英语学习策略，以便学生能够理解并记住英语知识。必须科学设计教学过程，并在教学过程中创建真实的语用场景，以便学生可以获取和内化现实世界中的知识。以往灌输式、脱离实际的教学模式必须被摒弃。

3. 增加沟通

在大学课堂上，来自各地的学生聚集在一起，在性格、习惯等方面都存在一些差异。作为教学组织者的教师应鼓励学生参加各种教育活动，促进学生之间的互动，并通过彼此沟通与学生建立起良好的友谊，以便更好地了解彼此。实践证明，教师的个性、爱好和其他个人特点会影响学生的学习效果。个性强的教师会自然地吸引学生，并使他们更愿意参与教学过程。换句话说，学生对英语老师的态度决定了他们对英语课程的态度。因此，教师应通过尽可能提高他们的个性吸引力来提高英语教学的质量，从而鼓励学生更好地学习英语。

（四）输入优先原则

输入意味着学生通过听力和阅读获得语言材料。输出则是指通过口头和书面表达思想。心理学研究表明，输入是输出的基础，只有足够的输入才能产生输出。学生的语言输入量越大，语言输出能力就越强。

第三节　高校英语教育教学改革现状与趋势

经过多年的不懈发展，我国的大学英语教学取得了显著的成绩。大学英语教学在教与学两个层面上的改革都取得了明显的进步，在教学理论、教学内容、教学方式、教学实践、教学效果上都有较大的改变与提升。随着社会的发展，社会各界对大学生英语水平也提出了更高的要求。因此，有必要从整体上论述一下在如今的新媒体时代大学英语教学改革的现状与趋势。

一、大学英语教学改革的基本原则

大学英语教学改革并不是毫无依据可循的，而是要遵照一定的规则和理论依据。下面介绍英语教学改革中常见的一些原则。

1. 以学生为中心原则

以学生为中心，是英语教学的首要原则。以学生为中心的理论源于美国教育学家杜威（Dewey）的“儿童中心论”。他曾指出，人类有着自由的天性，尊重这种自由的天性，遵循教育的自然规律对儿童的成长和发展有重要的作用。在英语教学中，“儿童中心论”的理念是要求尊重学生的主体地位，遵循学生学习的自然规律。也就是说，教师心里要时刻装着学生，时刻想着学生的需求，将“教”建立在学生的“学”上，一切工作都要围绕学生的学习展开。教师必须在充分了解和分析学生心理与需要的基础上，安排和调整自己的教学策略和步骤以适应学生的需要，注重学生的主体作用，提供过程与经验，由学生自己进行意义的建构，自主学习，而不是让他们接受现成知识。

2. 循序渐进原则

任何事物都是循序渐进地发展起来的，英语的教与学也是如此。学生的英语学习必须经历一个由易到难、由外到内的吸收和消化过程，这样才能真正掌握学到的知识，才能将这些知识变成自己的东西并应用自如。因此，英语教学也必须遵循人类认知的渐进规律，遵循循序渐进的原则。

3. 兴趣原则

兴趣是最好的老师，是推动学生不断前进的最强有力的动力。对于学生来说，英语学习的兴趣在很大程度上决定着英语学习的效果。从表面上看，我国学生在英语学习中似乎大多都很消极，不主动。实际上，很多学生一开始对英语学习并不是排斥的，这是因为他们对于英语学习具有天然的兴趣，对新鲜事物和对异国语言与文化也抱有强烈的好奇心。之所以很多学生对英语学习失去兴趣，英语水平迟迟得不到提高，很大程度上是因为传统教学中教学理念出现偏差、教师教学方法不当、考试体系不科学等。因此，若想真正提高教学质量，必须首先从源头抓起，努力激发和培养学生学习英语的兴趣，为英语学习注入动机和活力，这样教学效果也就指日可待了。

4. 灵活性原则

灵活是兴趣之源，灵活性原则也是兴趣原则的有力保障。同时，语言是一个充满活力、不断发展的开放性系统，所以英语教学改革应该遵循灵活性原则。具体来讲，教师应该在平时的教学中做到：①运用灵活的教学方法；②引导学生采用灵活的学习方法；③灵活使用英语组织课堂。

5. 交际性原则

交际性原则是英语教学改革始终要坚持的原则。教师要培养学生运用所学的语言知识在不同的场合、对不同的对象进行有效交际的能力。具体来说，教师应该做到：①正确理解英语教学的性质；②将英语作为交际工具来教、学、用；③教学内容与活动的选择要贴近生活；④在教学中创设交际情境。

6. 系统性原则

系统性原则也是英语教学改革必须遵循的一个原则。系统性原则主要有三个作用：①能够使学生对所学内容有比较系统、完整的概念；②能够使学生建立起各个部分知识之间和新旧知识之间的联系；③能够使学生清晰且有层次地消化所学内容。

7. 关注情感的教育性原则

关注学生的情感也是大学英语教学改革要遵循的一个原则。具体来说，教师在教学过程中关注学生情感要做到以下两点。

（1）努力营造良好的教学环境。具体方法如下：①建立相互尊重、相互理解、相互信赖的新型师生关系；②营造激发学生学习动机和兴趣的轻松愉悦的学习氛围。除了兴趣，学生的动机也是影响英语教学效果的关键因素。不管是听、说、读、写等能力的培养还是英语知识的教学，如果不能激发学生的学习动机，教学就不可能产生预期的效果。而创设情境就是激发学习动机的一个重要途径，因为没有特定的社会情境，就没有语言的交际活动。

（2）培养学生的积极情感。综合诸多教育专家和学者的观点，可以将培养学生积极情感的具体举措归纳为：①联系学习内容讨论情感问题；②建立情感态度的沟通渠道。

二、大学英语教学改革现状

随着国家、社会对大学英语的关注，大学英语教学取得了可喜的成绩。但是，受一些主客观因素的影响，目前我国的大学英语教学存在着许多的问题和弊端。只有对这些问题和弊端有一个清晰的认识，才能逐步采取针对性措施，从而不断提高我国大学英语教学的质量。这里就对大学英语教学的现状进行分析和探讨。

（一）学生英语水平的现状

中国的学生从小学到大学，甚至到硕士、博士研究生阶段，一直都在投入大量的时间和精力学习英语。尤其是自大学英语四、六级考试首次举办以来，大学英语教学更是得到了教师和学生的高度重视。但是，学生的英语水平却不容乐观，没有得到应有的改善和提高。

从现实状况来说，虽然各大高校不断改善英语教学的条件、设备，学校的有关领导、教师、学生都付出了很大的努力，但是收到的效果却很小。很多学生的英语水平仍处于“聋子英语”“哑巴英语”的状态，这样的英语教学与学习根本就没有实现真正的英语教学与学习目标。

此外，对非英语专业学生而言，大多数学生学习英语仅仅是为了应付四、六级考试，考试通过之后便将英语的学习扔在一边，等到毕业的时候，英语水平没有提高反而下降，很多学生虽然也获得了大学英语四、六级证书，但是在听、说、写方面的能力却有待提高。当然，其中有一些学生一直比较重视英语的学习，自步入校门开始便将大量的时间和精力投入到英语学习中，但是这样的学生只注重单词、语法的记忆，最终的结果则是花费了大量的时间，但是听、说、写的能力仍旧没有得到提高，实际的学习效果和平日的努力不成正比，这一无奈的英语学习现象值得人们深思。

学生英语水平普遍不高与英语教学方式有很大关系。在课堂上，教师一直讲，学生一直闭口听、记笔记，却害怕开口、害怕提问。下课后，学生也只是背单词、背笔记、做机械性的训练。这种完全没有启发性的教学方式使得学生既无法提高对英语学习的兴趣，也无法提高英语学习的成绩。

（二）大学英语教学现状

目前，公共英语教学中存在着以下几个层面的问题，下面逐一进行介绍和说明。

1. 教学模式传统单一

受大纲的影响，大学英语教学模式传统单一。教师是整个课堂自始至终的主角，学生在课堂上只是扮演倾听者的角色。这种教学模式大大降低了学生的学习兴趣和学习主动性。由于教师过分重视英语基础知识的传授，而严重忽视英语综合应用能力的提高，导致出现了“聋子英语”“哑巴英语”等现象。虽然，近年来英语教学者也在不断努力寻找各种新型的教学模式，但“填鸭式”“灌输式”的教学模式依旧存在，而且在课堂上教师与学生之间的交流也仅仅是问与答的交流，而没有过多的深入交流，这就导致了学生空有语言知识而不会学以致用。这样培养出来的学生不仅和《大学英语课程教学要求》提出的培养目标相背离，而且会逐渐被社会淘汰。

2. 教学方法不够科学

随着社会的发展，社会对外语人才的需求在不断发生变革，这就使得学校培养外语人才的模式发生了变化，而教师的教学方法也随之有所改变。目前，我国大多数高等院校仍旧采用黑板、粉笔、教师加课堂的教学方法。教师独占讲台，学生主要是听课、记笔记以及做练习，这种传统的教学方法主要是为了应付考试，但是并不能满足学生的实际需求。

另外，大学里的公共英语教学大多采用大规模班级授课的方式，同时学生来自全国各个地方，而不同地区的教学水平又存在很大差异，因而学生的英语基础也存在很大差别，这就导致了教学出现众口难调的情况。在课堂教学中，教师很难照顾到每一位学生。即使是有条件实施小班教学的院校，大多数教师也仍旧倾向于采用传统的授课方法。单调的授课方法无法调动学生的学习积极性，也就难以有效提高教学质量。

3. 英语教材陈旧落后

教材是教师教授课程的重要工具。一般情况下，教师都是根据教材的编排顺序来安排课堂教学，所以教材决定着教学方向和教学内容。然而，现在的大学英语教材内容更新缓慢，陈旧落后的教材根本跟不上时代的变化，而且与社会严重脱节，这种忽视实用性的教材直接导致了教师教学内容陈旧，进而影响了学生英语水平的提升。同时，落后的教材也与学生的实际生活相差甚远，从而导致学生对英语学习缺乏兴趣，直至把英语逐渐荒废。由此可见，设计出满足我国学生学习需求与教师教学需求的教材，是我国大学英语教学的当务之急。

4. 师资力量逐渐下降

师资力量薄弱是目前大学英语教学中一个亟待解决的问题。随着我国教育事业的不断发展，高等院校的招生规模不断扩大，导致了教师队伍的严重不足，师资不足的情况要求现有的教师要面临当前沉重的工作。更为严重的是，不少研究生也承担了授课的任务。作为英语教学的主导者，英语教师素质的高低不仅会影响教学的质量和效率，还会影响学生学习英语的积极性与主动性。可以说，教师素质的高低关系到英语教学的成功与否。

5. 应试能力被过分推崇

学生们从小学到大学，甚至到博士，都会投入大量的精力去学习英语。但是，学生们在花费大量的时间去学习单词和语法后，却依然没有真正掌握语言的运用技巧，他们听不懂、说不出、不会用，这主要是因为传统英语教学倾向于应试教育。由于学校的选拔主要看成绩，并且以考试结果评价学校、评价教师的教学效果以及学生的学习效果，这就严重制约了英语教学的发展。

为了检验学生对英语的掌握程度，我国大学每年举行各种各样的英语等级考试，其中最著名的是大学英语四、六级考试。虽然四、六级考试的设置为提高大学生的英语水平和英语能力做出了很大贡献，推动了我国的英语学习，但是四、六级考试主要是考查学生对英语单词、语法等的掌握程度，将选择题作为标准化的测试方法，将通过率的高低作为评价教师教学质量和学生学习效果的一个重要标准，这在某种程度上助长了应试教育的风气。

6. 教育管理未被具体落实

从教育管理方面来看，教育部门的相关领导对英语教学的改革问题进行过多次探讨，多次指示要大力推进公共英语教学改革。这些指示为大学英语教学改革提供了一定的指导和借鉴。另外，学校内部也在积极地采取相关措施，不断推进英语教学改革。

但是，在这一改革的过程中，有些教师管得过死、教得过严、考试内容过于死板等问题仍然存在。不同的学生有着不同的学习特点和学习需求，因而现有的管理体制的某些方面无法满足学生的学习要求。

7. 文化教育的重要性被忽视

从世界范围来说，高等教育正朝着国际化、多元化、合作化以及个性化的方向发展，因此外语教学不应该与文化教育分割开来。课程是教学的基本单元，所以也是培养学生多元文化意识以及跨文化交际能力的重要载体。

在我国的大学英语课程中，很多教师和学生都认为掌握了英语语音、词汇以及语法就等于掌握了英语。由于教师在教学过程中着力于语言知识的教学，忽视了英语文化背景知识的教学，从而导致学生在语言交流过程中遇到了障碍。语言是交际的工具，如果不了解语言所承载的文化，就难以顺利地进行沟通，那么语言的学习就失去了意义。因此，教师在英语教学过程中要帮助学生多了解一些英语国家的文化背景知识。

8. 多媒体技术未得到充分利用

随着社会的发展和进步，多媒体技术逐渐应用于人们的生活中，网络英语学习软件也逐步推广开来，多媒体和网络技术已经被运用到教学的各个领域。在多媒体课堂中，教学课件的应用能够使教师和学生的角色发生重大变化。教师利用音频、视频系统将教学内容和图、文、像结合起来，使学生在任何角落都听得清楚、看得明白。学生将注意力集中在课堂之上，并且积极参与到课堂活动中。可以说，多媒体技术的应用，给大学英语教学带来了新的活力。

但在具体的教学实践过程中，某些教师仅仅是将多媒体应用于单纯的教材文本与图片的展示，并未将其多感官与计算机的实时信息交互技术特点充分利用于英语课堂。因此，在切实运用多媒体技术之前，教师还要对以往的教学工作以及多媒体技术进行更多的了解，才能做到有的放矢。

三、大学英语教学改革带来的新要求和新形势

英语作为国际通用型语言，其重要性不言而喻。而目前的英语教学体系

存在着种种弊端，只有对其进行改革才能有效地促进英语教学质量的提高。因此，本节就以我国教学改革的新形势为依托，对大学英语教学改革提出一些最新要求，以期为之后的大学英语教学改革提供一定的思想理论指导。

（一）以人为本，全人发展

英语教学的首要定位就是人的教育，而大学英语教学的首要要求也应当是人本主义。教师要时刻以学生为中心，充分发挥学生的主体作用，注重学生的全面发展，使他们具备持续学习的能力，从而为终身学习打下良好的基础。因此，当代英语教学要求学校和教师要着眼于学生的全面发展。要促进学生的全面发展，仅靠帮助学生掌握英语知识是远远不够的，还需要注意培养学生的社会责任感、积极的情感、严谨的治学态度等，因为这些因素对学生的英语学习也有重要的影响。这就要求教师在英语教学中尊重学生，做到以人为本。具体来说，主要从以下几个层面着手。

1. 承认学生之间的差异性

首先我们必须承认，学生之间是存在差异的，每个学生都有其独特的个性。学生的类型不同，其学习特点也存在差异，面对这些差异，教师应该为他们提供与他们实际学习需求相符的学习指导，同时也为他们提供平等的学习机会。可见，教师在教学中应该具体问题具体分析，做到因材施教。例如，有的学生擅长口头表达，有的学生则擅长书面表达；男生比较倾向于阅读思考，而女生则倾向于记忆单词、掌握规则。因此，一名优秀的英语教师应该在教学中根据学生的具体类型和特点进行具体的指导。

2. 相信学生的潜在能力

教师应该坚信，每一个学生都具有极大的学习潜能，每一位学生也都有其自身独特的、丰富的内心世界。尤其是在科技与网络高度发达的今天，学生在很多方面都比以往更独立，在许多问题上的思考也非常独特。因此，教师应该多与学生沟通、交流，使学生能够将教师视为朋友。同时，教师在与学生平等相处的基础上，不断获知学生的想法，进而改进自己的教学方法，为他们提供更加充足的发展潜能的机会。这样，英语教学才会卓有成效。

3. 发挥学生的主体作用

学生主体是指自主地、能动地参与教学活动的学生个体。在英语教学中，教师要尽量做到为每个学生创造良好的学习环境，确保每个学生能够参与到教学活动中，让学生在教学活动中不断地培养和发展自身的自主性、能动性和创造性。

4. 营造和谐的课堂氛围

要顺利地实施情感教学，营造和谐的课堂氛围是较为关键的层面。课堂教学实际上是交际的过程，如果课堂气氛和谐，交际就会有效；如果课堂气氛不和谐，交际就会无效。从某种程度上来说，营造和谐的课堂交际氛围要比使用好的教学方法更重要。营造和谐的课堂氛围有赖于以下三个因素。

（1）提倡宽容的态度。英语毕竟是一门外语，不是母语，我们使用母语都会不可避免地犯错，因此在学习英语时犯错更是在所难免。长期以来，教师在教学过程中过于强调语言的精确性，学生只要犯一丁点的错误都会被教师打断并更正。久而久之，学生便产生了挫败感与畏难情绪，甚至出现了“谈英语色变”的情况，对英语学习提不起任何兴趣，那么英语课堂氛围沉闷也就可想而知了。改革背景下的大学英语教学提倡教师对学生持宽容态度，即教师应该引导学生多运用英语，不必有错必纠。此外，在英语课堂教学中，教师还需要正确处理学生的突发情况。

（2）改善师生关系。要创造和谐的课堂气氛，教师首先要热爱自己的学生，给学生创造更多平等的机会。其次，教师要坚持人本主义的思想，改变教学重教师而轻学生的传统观点，对师生之间的关系进行重新审视和调整。在具体的教学过程中，教师还要为学生提供充足的学习空间，让不同类型、不同水平的学生都能够在学习过程中获得乐趣、成就感和满足感。当学生们感受到成功时，就会不断提高自己对这门功课的兴趣和积极性，这也就必然会推动教学质量的提高。

（3）注重情感交流。研究表明，教师对学生能力的信心在一定程度上直接影响着学生学习的效果。因此，在英语课堂上，教师自身应该始终处于高昂的、乐观向上的精神状态，对学生要倾注所有的热情，并用这种态度将学生的积极情感调动出来。同时，教师要对学生充满信心，多表扬与鼓励学生，提高他们学习英语的积极性与主动性。

（二）注重学生的综合运用能力

英语教学要注重培养学生运用语言的综合能力，这也是英语教学最根本的目标所在。而这种能力的形成建立在语言技能、语言知识、情感素质、学习策略以及文化意识等素质整合发展的基础上。要培养学生语言的综合运用能力，教师需要深刻认识以下三点。

1. 语言技能——学习语言的主要目的

语言技能包括听、说、读、写、译五个方面的基本技能以及其综合运用能力。如前所述，听、读是语言的输入，侧重知识的吸收；说、写是语言的输出，侧重知识的表达；翻译既有输入也有输出。学生在交际过程中通过吸收和表达知识信息，不断地提高语言运用的能力。因此，在英语教学中，教师要引导学生通过大量的听、说、读、写、译的实践，提高学生综合运用英语的能力。可以说，在英语教学中，听、说、读、写、译不仅是学习英语的目的，还是学习手段。

2. 必要的语言基础知识——助力英语学习

学习必要的语言基础知识是形成能力的基础，有利于辅助英语学习。

虽然我们反对英语课一直围绕语法教学进行，将英语课上成语法课，但是这并不意味着我们就不需要学习语法了。相反，学习语法基础知识是非常有必要的，这是因为语言的基础知识不仅仅是语言能力的重要组成部分，还是培养和发展语言技能的重要方面。

需要注意的是，学习必要的语言基础知识也并不意味着把学习语言基础知识作为课堂教学的唯一目的，也就是说，绝对不能把英语课当成语言知识课来上。因为语言知识学习最终的落脚点就是实际的综合运用，只有在学习基本语言知识的基础上，辅以适当的实践训练，才能真正提高学生的综合运用能力。

3. 语言能力与心理因素——学习策略

心理因素不仅关系到人的发展，还关系到英语的学习。学生只有对英语学习抱着积极的态度，自发主动地参与，才能对英语持有无限的热情与动力，才能学好英语。因此，英语教学一定要注重学生的心理因素。

学习动机是学生学习英语的首要心理因素，而对英语学习的态度、兴趣、情绪则是促使学生产生英语学习动机的核心因素。因此，在英语教学中，教师一定要通过培养学生的学习态度、兴趣、情绪来激发学生的学习动机。

除了激发学生英语学习的动机，教师还要注重指导学生选择正确的英语学习方法与策略。学习方法就是充分发挥智慧来学习，学习策略让学生在学习过程中不断地提高学习效率，从而产生良好的学习效果。

（三）努力提高学生的认知能力

目前，英语教学正在经历由知识型教学向技能型教学转变的过程，也就是说，英语教学不仅要传授相应的语言知识，也需要提高学生的语言技能，当然还需要培养并提高学生的认知能力。下面将探讨改革背景下的大学英语教学中提高学生认知能力的意义与途径。

1. 提高学生认知能力的意义

对于大学英语教学改革中提高学生认知能力的意义，可以从以下两个关系来理解。

（1）母语与英语的关系。我们的知识大都是通过母语获得的。没有学过英语的人，一般会非常娴熟地、得心应手地使用母语，但他们对母语的认识往往是非常有限的。相反，学习英语的很多人都有过这样的体会与经验：人们在学习英语之前，往往对很多母语词汇知其然而不知其所以然，只有在学习了英语之后，他们才能形成对这些母语词汇的理性认识。

由此可见，学习英语不仅仅是一种获得知识的手段，也是一种获得新的认识方式和认识能力的途径。曾流行于苏联的自觉对比教学法，就特别强调通过母语和外语的对比来提高学生的整个文化素养，发展他们的智力水平。因此，我们不应该因为语言而教授语言，而应该超越语言来教授语言，将语言的教育价值在深度和广度上进行挖掘和探索，而不应该仅仅将其作为一种语言知识和技能来教授。

（2）语言与思维的关系。文化语言学认为，语言与思维是密切联系的统一整体，作为思维的物质载体的语言，它是思维得以存在和发展的媒介，语言能力的发展和思维能力的发展应当是相互促进、辩证统一的。

语言是人类文化的一种表现形式，它不但凝结了全部的人类文化成果，还将各个民族的文化（如思维方式、价值观念、审美情趣等）按照一定的结构形式（如词语的概念、组合、排列等）表现出来。通过对英汉词汇语义的对比，我们可以发现，由于英汉两种语言分别产生和发展于不同的社会形态和历史背景之下，它们的词汇系统之间很少出现语义一一对应的现象。英汉词义大部分都是不完全对应的，即介于完全对应与无对应之间。

学习语言不仅是学习词汇与语法，同时也是学习如何进入一种新的文化视野，经历一种新的思想观念的冲击，进而受到一种不同环境下民族的思维方式的影响和诱导。如果英语教师能够对这一层面产生深刻的认识，那么必然会在教学中不断有目的、有计划、有意识地发展学生的认知能力和思维能力，使学生能够不断形成新的认知机制和感受机制。

2. 提高学生认知能力的途径

要想在英语教学中不断提高学生的认知能力，就必须选择合理的教学途径和方法。具体来说，要做到以下两点。

（1）坚持以话语为中心的教学。英语教学经历了词本位教学（翻译法），到句本位教学（听说法），再到话语本位教学（交际法）的发展历程。

从语言与思维的关系来看，词是概念的表现形式，句子是判断的表现形式，话语是智力本质的推理活动的表现形式。语言与思维应该与话语相统一。侧重翻译的词本位教学法和侧重听说的句本位教学法都是脱离了一定的思维活动，采用这两种方法的教学会导致学生的机械无意识的模仿和重复性的活动，并且无法有效地发展学生的智力。而在话语本位教学法中，话语包含词语与语境之间的衔接、连贯等因素，被视为基本的言语交际单位，更体现语言的整体性及连贯性。

此外，话语分析和篇章语言学的兴起不仅为话语本位教学法提供了一定的理论基础，还为其提供了一些具体的分析方法，并且使教学活动更为科学化和系统化。因此，英语教师不仅要掌握这些理论，还要将这些理论与具体的教学实践联系起来。

（2）坚持“文道统一”原则。众所周知，语言与思想是密不可分的，语言教学应当与思想教育活动统一起来，在教学过程中兼顾语言训练与思想教育两方面的内容，这就是所谓的“文道统一”。

传统的英语教学存在一定的弊端，如注重形式、轻视内容，注重技巧、轻视智能。语言是工具，但语言教育的目的是超越工具这一范畴的，其宗旨是达到更高层次的教育目标。而坚持“文道统一”是实现这一教育目标的最好手段。具体来说，教师要做到：①提高自身的素养。②在阅读教学中，教师应该对文章的整体结构和层次有一个深入的了解和认识，然后引导学生对其中有价值的、富有文化底蕴的内容进行挖掘和探讨，使学生在语言学习的过程中也能感受到真善美，人格也在不断地升华。这样的教学方式不仅提高了学生的认知能力，还提高了学生的人格修养。

（四）对多媒体、网络技术要充分利用

与传统的大学英语教学相比，多媒体、网络教学给学生的英语学习创造

了一个完全自由、自主的学习空间，其本身存在着很多的优势。

（1）计算机软件可以为学生提供地道的发音，生动形象地将知识内容呈现给学生，便于学生的理解和记忆。

（2）多媒体技术将图、文、影、像等教学资料统一地结合起来，让枯燥的文字充满色彩，这样的方式很容易激发学生的学习兴趣。并且这还突破了时空的限制，学生不必再局限于课堂学习，可在任何的时间、地点进行自由的学习，这在增加学生学习时间的同时，还激发了学生的学习兴趣。

（3）网络技术为学生提供了充足的、自由的空间，让学生可以通过网络进行学习，同时教师也可以通过网络给学生布置任务、评定任务。这在一定程度上减轻了教师和学生的负担，有助于培养学生的自主学习能力。

因此，在教学中教师要充分利用多媒体、网络技术，最大限度地发挥多媒体、网络技术对英语教学的作用。

（五）提升学生的文化素养

语言是文化的载体，是反映民族文化的一面镜子，语言与文化具有密不可分的关系。我们学习英语，不仅仅是学习英语这一门语言，还要学习英语背后所蕴含的丰富文化。

经济、技术、信息的交往和商品、资本、人员的流动使世界各国的文化突破特定的地域环境和社会语境，融入全球性互动的文化网络之中。多元文化已成为文化的基本格局。在这样的时代背景下，文化素质的培养毫无疑问成为大学英语教学的重要内容。

文化教学能够提升学生的国际理解力和竞争力，帮助他们用全面的眼光和角度来认识和审视本国与他国文化，从而积极有效地推进国家间的交流与合作。同时，文化教学还能帮助学生对本国文化产生更深刻的认识，增强他们的民族自尊心与自豪感，使其在跨文化交际中把我们优秀的文化传统在国外发扬光大，为世界文化的繁荣贡献自己的力量。

（六）多元化的评估方式

教学目标是否实现要依靠教学评估来检验，因此评估是大学英语教学的一个重要方面。

多年以来，大学英语教学采取单一、机械、落后的评估方式，忽视了英语教师对自己的教学和学生对教师的教学的评估，忽视了学生的自我评估和小组评估，过分夸大了评估的选拔作用而忽视了其反馈功能，不利于培养学生的合作精神，也不利于建立和谐的师生关系。

时代的进步对教学评估方式提出了新的要求，如测试中的客观题减少，主观题增加；终结性评估不再“独霸天下”，增加形成性评估权重等。随着人们对教学评估改革意识的增强，依赖于网络而实现的评估方式也逐渐发展起来。这些评估方式大多具有开放性、形成性和多维性的特点。例如，允许学生多次考试，让他们看到自己的进步和成功，尊重每位学生的学习速度、学习阶段和自我感受，让他们为完成学习任务而学习，而不是单纯为了应付考试。

第二章　基于教育生态化的英语教育教学研究

从教育生态学的视角研究英语教育教学，就是将英语教育教学看作一个微观生态系统加以研究，因此，有必要首先对英语教育教学生态化的必要性、特征与功能结构进行论证，来研究各种教学现象，如失衡现象及其成因。

第一节　英语教育教学生态化的必要性

大学英语作为一门语言公共课程历来受到社会各界的广泛关注，长期以来，我国英语教学，不管是大学英语还是基础英语，不管是公共英语还是专业英语，都不同程度地存在“高耗低效”的现象。因此，改革开放以来，我国的大学英语进行了一系列的改革，在教材修订、课程设置、教学方法和教学手段上取得了一定的进步。随着教育环境的改善和教育技术手段的不断革新，大学英语教学改革也在不断深化。

首先，我们简单回顾一下教育部关于大学英语教学的改革历程。大学英语教学改革始于2002年教育部高等教育司颁布的《关于启动大学英语教学改革部分项目的通知》，同时组织专家制定了《大学英语课程教学要求》，成为各高校非英语专业本科生英语教学的主要依据，并指出，各高等学校应充分利用现代信息技术，采用基于计算机和课堂的英语教学模式，改进以教师讲授为主的单一教学模式。在教学模式上要“体现交互性和多媒体性”。可以看出，大学英语教学改革一开始就注意了多媒体网络技术与大学英语的结合。2003年，大学英语教学改革被列入教育部启动的“高等学校本科教学质量和教学改革工程”之中，突出了教学质量对大学英语改革的重要性。在此基础上，2004年1月教育部颁布了《大学英语课程教学要求（试行）》，并于同年2月颁布了《关于实施大学英语教学改革试点工作的通知》，最终确定了180

所高等院校参加大学英语教学改革试点工作。

《大学英语课程教学要求（试行）》规定了“大学英语教学是高等教育的一个有机组成部分，大学英语课程是大学生的一门必修的基础课程”。这样就肯定了大学英语在高等教育中的重要地位，避免了过去大学英语作为一门公共课程而不受重视的尴尬地位，确定了大学英语是大学生必修的一门基础课程，兼具知识性和人文性，同样背负着对大学生进行素质教育的重要任务。经过三年的修订、完善，2007 年 7 月，教育部正式颁布了《大学英语课程教学要求》（以下简称《教学要求》），从教学性质与目标、教学要求、课程设置、教学模式、教学评估、教学管理六个方面对大学英语课程教学进行了具体规定。

《教学要求》将大学英语的教学性质规定为“大学英语是以外语教学理论为指导，以英语语言知识与应用技能、跨文化交际和学习策略为主要内容，并集多种教学模式和教学手段为一体的教学体系”。《教学要求》对大学英语的教学模式规定为“各高等学校应充分利用现代信息技术，采用基于计算机和课堂的英语教学模式，改进以教师讲授为主的单一教学模式。新的教学模式应以现代信息技术，特别是网络技术为支撑，使英语的教与学可以在一定程度上不受时间和地点的限制，朝着个性化和自主学习的方向发展”。由此可见，《教学要求》认为大学英语教学模式和教学手段需要多样化，在继承传统教学模式优秀部分、发挥传统课堂教学优势之外，要充分利用现代信息技术，探索建立网络环境下的听说教学模式；教学内容要体现知识和技能的统一以及跨文化交际和学习策略的统一，这些要求为大学英语教学指明了方向。《教学要求》对大学英语教学目标的规定是“培养学生的英语综合应用能力，特别是听说能力，使他们在今后学习、工作和社会交往中能用英语有效地进行交际，同时增强其自主学习能力，提高综合文化素养，以适应我国社会发展和国际交流的需要”。可以看出，《教学要求》把培养大学生的英语综合应用能力放在首位，突出学生听说能力和学生综合文化素养的培养，强调国际交流能力。根据《教学要求》对大学英语教学六个方面的要求和规定，上海外国语大学陈坚林教授将其解读为大学英语教学理念“国际化”、多媒体教学“正常化”和教学环境“生态化”，认为生态化大学英语课程课堂系统改革是大学英语教学改革的重要部分，这在很大程度上为大学英语课堂教学系统生态化改革指明了发展方向。此后，各院校纷纷在多媒体技术的基础上，运用教育生态学原理探索新的课堂教学模式。

不可否认，在国家大力推动下，我国大学英语教学在突出听说能力培养和基于计算机网络课堂的大学英语教学模式改革方面取得了较好的阶段性成果。然而，正所谓“成也萧何，败也萧何”，以计算机网络为核心的信息技术大大促进了大学英语教学改革的深化，但同时也引起了大学英语教学系统各生态因子的一些变化，使原本相对稳定的大学英语教学出现了许多新问题，造成大学英语教学生态中某些方面的失调，主要表现在以下几个方面。

基于计算机网络技术的信息化教学需要大量的教学投入。然而，大部分院校在经历规模扩招之后，经费相对紧张，一般的教学硬件设施投入已显疲惫，更不用说用于大学英语的硬件设施投入。笔者所在学校是首批 180 所大学英语教学改革试点院校之一，据笔者对本校的调查，发现大学英语多媒体教室明显不足。大学英语教学一般分成两个部分，一是自主学习的多媒体机房，二是精读课讲授的传统课堂。在现代信息技术条件下，传统教室也需要装备多媒体设备，但调查发现，传统课堂基本还是黑板加粉笔模式。自主学习的多媒体机房事实上也处于教学失调状态，单从笔者所在的高校调查了解的情况来看，大学英语多媒体设备建成后很少更新换代，不同程度地存在机器老化问题。由于高校体制实行管理权与使用权分离，所以一旦出现故障也可能得不到及时的处理，加之设备不够导致使用频繁，上节课也许处于正常运行状态，但下节课可能就无法运行，故障的出现经常具有突发性和偶然性。在这种情况下，如果教师严重依赖“机器”，那么，教学硬件的失调就会导致教学“软件”的失调，从而影响整个教学秩序。

根据《教学要求》，试点院校需要设置相关信息化技术课程，以促进大学生英语技能的强化，但调查发现大部分改革试点高校并没有按照《教学要求》开发和建设基于计算机信息技术的网络课程。《教学要求》要求各高等学校根据实际情况，将综合英语类、语言技能类、语言应用类、语言文化类和专业英语类等必修课程和选修课程相结合，确保不同层次的学生在英语应用能力方面得到充分的训练和提高。但事实上，大部分高等学校并没有按照《教学要求》来开设课程，课程设置主要以综合英语类为主，基本没有开设选修课程。就算有些高校开设了语言技能训练课程，但在实际教学操作中并没有达到课程设置的预期效果，比如视听说课程，名义上是学生通过多媒体课堂进行自主学习，但实际上就是学生进入网络学习平台完成教师预先布置的作业，教师在整个教学过程中要么“无事可做”，要么仅仅作为监督者，防止学生进入其他网站或者聊天室，或者做其他与上课无关的事情，学生很难达到预期的训练效果。再比如传统的读写课程，虽然教师借助多媒体技术实现了教学方法和教学形式上的一些改变，但教学内容几乎没有发生很大变化，基本以知识讲授为主。根据笔者所在学校的问卷调查发现，80%以上的教师还是偏重于单词和句型的讲解和练习，远远没有做到《教学要求》所规定的针对不同层次的学生实行差异性教学，所以也就无法实现不同层次的学生在应用能力方面得到切实的训练和提高。可见，课程设置在很大程度上只是出于“政策性”考虑，而没有考虑到实际情况与课程体系的结合，没有将大学英语教学个性化与普遍性相结合，造成课程设置与教学实际操作之间的失调，进而造成教学方法和教学形式之间的失调。

大部分高校的大学英语教学基本是以《教学要求》为标准，各别学校基本上没有根据实际情况做出调整。不同高校在教学资源、教学环境、教学管理、师资条件、学生水平等方面毫无疑问都存在着差异，采用统一的教学要求不仅不能实现大学英语教学的“统一”目标，而且会造成不同高校的办学定位、人才培养目标与教学要求的严重脱节。同时，为了避免应试教育的嫌疑，大部分高校基本不再明文规定将大学英语四、六级作为教学要求，以“配合”《教学要求》规定的大学英语教学的一般要求、较高要求和更高要求三个层次。一般要求是高等学校非英语专业本科毕业生应达到的基本要求，较高要求或更高要求是为有条件的学校根据自己的办学定位、类型和人才培养目标所选择的标准而推荐的，各高等学校应根据本校实际情况确定教学目标，并创造条件，使那些英语起点较高、学有余力的学生能够达到较高要求或更高要求，但在实际教学中，大学英语四、六级的过级率往往是各种考核、评估的关键性指标，并且与学位挂钩。可见，大学英语四、六级过级率是大部分高校的隐性教学要求。这种教学要求的不一致性在一定程度上导致实际教学方向的偏离，不利于大学生综合应用能力的培养，无法实现大学英语教学的目标。

毋庸置疑，课程设置与教学要求失调必然导致教学内容的失调。大学英语四、六级隐性导向使得教学内容或多或少围绕大学英语四、六级考试做准备，而培养听说读写能力的教学明文要求倒成了一纸空文。大多数教师基本上会抽出时间对学生进行大学英语四、六级考前培训和辅导，学生学习英语的动机在很大程度上也是由大学英语四、六级考试的外力所驱动。但就算如此，大部分高校的大学英语四、六级过级率仍然很低，调查发现很大一部分大学生英语水平仍停留在中学时期甚至有所“下降”，根本谈不上英语语言能力的全面发展和英语综合应用能力的提升。教学的所有单元内容也不可能在大纲规定的时间内由师生共同学习完成，教师往往挑选几个单元进行课堂学习，其余基本留给学生自学，但实际上学生基本上都不会自行学习，从而导致学习内容的不完整。由于大学英语四、六级考试的导向性，大多数大学英语教师必然重视语言知识点的讲解，文化背景知识涉及不深，造成英语学习一知半解，“只见树木不见森林”，影响大学生英语水平的进一步提升，并有可能形成学科连锁反应，造成大学生学习的“破窗效应”。

如前所言，教学条件的失调导致不可能所有教室都使用多媒体上课，一般为了节省资源，大部分院校的多媒体教室以大为主，可以容纳几个班的学生一起上课。这种大班上课完全违背了语言学习规律，那么“沉默”课堂也就不足为怪了。事实上，大部分高校由于扩招，人数基本上都处于超饱和状态，可想而知，教师在面对一两百名学生的情况下想提供良好的教学质量是非常困难的。大学英语教学环境失调还表现为信息技术使用的两种极端：第一种情况是“滥用”技术。相对于传统课堂而言，计算机多媒体课堂要轻松很多，一个 PPT 可以走天下，教师基本上充当放映者的角色，过分依赖多媒体如果形成习惯，那么一旦多媒体设备突然出现故障，教师就会不知所措，造成离开多媒体就不能上课的奇怪现象。第二种情况正好相反，有些教师鄙视多媒体计算机的作用，在不得不使用多媒体的情况下，他们却无法自行进行操作，难以物尽其用，造成了资源的极大浪费。多媒体技术同样造成学生学习环境失调，调查发现，学生在多媒体课堂上更多的是“看”而不是“听”，造成“看”和“听”的分离，进而造成“师”和“生”的分离。

综上所述，多媒体信息技术一方面促进了大学英语教学，另一方面又造成大学英语教学的失调。这些失调无法从传统的课堂教学中得到解决，需要运用新的思路，从新的角度进行疏导。毫无疑问，教育生态学开拓了教育科学的新领域，从宏观上启迪了外语教学的新思路。从生态学来看，信息技术作为一种外来因素“闯入”大学英语教学生态系统，使其生态因子发生或大或小的变化，这些变化既有向好趋势也有不利反应。一般来说，一个生态系统在不同条件下需要外部因素的刺激才能更加激发生态系统的活力，大学英语教学生态也是如此，但是这种刺激在一定时期内使得教师、学生、信息技术、教学环境等生态因子的生态位出现一定程度的错位现象，严重时可能会导致生态链的脱节和缺失，从而不可避免地造成了大学英语教学生态系统的暂时失衡。我们要充分利用信息技术对大学英语教学生态系统的促进作用，正确认识信息技术造成大学英语教学生态系统的失衡现象，及时发现大学英语生态位的紊乱现象，准确把握信息技术作用下大学英语教学的生态规律。因此，有必要运用生态学相关原理协调大学英语各生态因子之间的关系，对系统进行优化，重构信息技术作用下大学英语教学的生态平衡。

那么，根据生态学的生态位、限制因子定律等原理以及生态系统的能量流动、物质循环和信息传递三大功能，大学英语可以构建“以学生为中心，教师、教学要素和信息技术联动作用”的教学生态优化模式。

大学英语教学作为生态系统，由教师、学生、教学要素、信息技术等生态因子以及物质环境、能量环境和信息环境相互联结而成。在大学英语教学生态系统中，学生是整个生态系统的中心，教师、教学要素和信息技术在教学环境作用下围绕学生进行物质、能量和信息的流动、传递和交换。那么，要真正实现“以学生为中心”，教师首先要具有“以学生为中心”的生态意识，需要教师把自己从“以教师为中心”的“神坛”上搬下来，鼓励学生以平等主体的姿态参与到课堂教学生态之中，培养学生的“中心”意识和运用信息技术进行自主学习的意识。“以学生为中心”并不仅仅指在课堂上运用多媒体技术，通过增加提问次数让学生参与教学活动，还要让学生在信息技术环境下进行个性化学习，发展自主学习能力，主动提出问题并参与讨论，发表自己的观点和见解，增强大学英语对专业发展的促进作用，提高学生学习的兴趣和动机。

可见，教师在实现学生“中心”地位的过程中发挥着关键性的主导作用。要注意的是，教师的主导是以学生为“中心”的主导，不是以教师为中心。在“以教师为中心”的教学模式中，教师对学生的交互比较强，但学生是一种被动式的弱回应，形成“强—弱”的师生交互关系；在“以学生为中心”，也就是“教师为主导、学生为主体”的教学中，教师和学生是平等的“强—强”交互关系，学生根据教师教学主动回应，相互之间进行信息的流动和知识的“创造”。师生关系毫无疑问地直接影响着大学英语的教学活动与教学效果，因此，良性的师生互动关系是大学英语教学生态优化的关键，但在多媒体技术作用下，仅靠师生关系还无法实现生态教学的结构优化，教师还必须改进以教师讲授为主的单一教学模式，采用计算机网络技术和传统课堂相结合的英语教学模式。《教学要求》规定，“各高等学校应根据本校的条件和学生的英语水平，探索建立网络环境下的听说教学模式，直接在局域网或校园网上进行听说教学和训练。读写译课程的教学既可在课堂进行，也可在计算机网络环境下进行。对于使用计算机网络教学的课程，应有相应的面授辅导课时，以保证学习的效果”。

《教学要求》所规定的教学模式正是大学英语教学生态优化的集中体现。值得一提的是，将多媒体与课堂相结合，不是一味地使用多媒体信息技术，而是要结合传统教学和信息技术教学的优势，实现继承和创新。教师根据学生需要，转换教学理念，调整教学方法和手段，提高课堂教学效率，正如《教学要求》指出的，“教学模式的改变不仅是教学方法和教学手段的变化，而且是教学理念的转变，是实现从以教师为中心、单纯传授语言知识和技能的教学思想和实践，向以学生为中心、既传授语言知识与技能，更注重培养语言实际应用能力和自主学习能力的教学思想和实践的转变，也是向以培养学生终身学习能力为导向的终身教育的转变”。《教学要求》还规定大学英语教学要体现实用性、知识性和趣味性相结合的原则，调动教师和学生两方面的积极性，体现学生在教学过程中的主体地位和教师在教学过程中的主导作用。因此，教师本身须不断学习，实现教师自身的生态化发展，保证大学英语教学系统优化的方向。

教学模式的优化必须通过教学各要素的优化来实现，教学要素是指与教学有关的一切因素，包括教师、学生、教学管理、课程设置、教学目标、教学模式、教学方法、教学手段、教学评估、教材、教室、教具等，其中教师和学生是教学要素中的主体要素，教学要素的选择和使用受制于教师与学生的共同作用。随着计算机网络技术的发展，信息技术已不仅仅起着“辅助”教学的作用，其已从教学要素中脱离出来，成为大学英语教学生态系统中独立的生态因子，发挥着不可替代的作用，如若这一生态因子缺失，大学英语教学生态系统优化就难以实现。在信息化发展的进程中，信息技术作为教育系统的一个非常重要的“外来”生态因子，在很大程度上改变了基础教育原有生态系统内部的结构与功能，教育信息化也不可避免地遵循着“平衡—失衡—平衡”的动态规律。只有处理、协调好信息技术生态因子与其他教学生态要素之间的关系，才能保证系统内外物质和信息的流动和交换，保持教学系统的动态平衡，进而实现大学英语教学生态系统的可持续发展。

可见，大学英语教学系统生态优化是在《教学要求》指导下，坚持“以学生为中心、以教师为主导”的教学模式，充分发挥现代信息技术和传统教学的各自优势，努力实现教师主体和学生主体的平等对话，师生协同发展，为大学英语教学构建良好的物质、教学和社会环境，充分利用信息技术构建有利于大学英语教学系统内外交流互动的网络教学资源，保持系统内外物质流、能量流与信息流的畅通，维持大学英语教学生态系统的相对动态平衡。总之，大学英语教学生态系统优化必须依靠教师、学生、教学要素和信息技术的有机结合，在各自最佳的生态位上发挥最佳的生态功能。

第二节　英语教育教学的生态化特征与功能结构

一、英语教学的生态特征表现

教育生态学将教育视为一个有机、复杂和统一的生态系统，强调物质、能量、信息的交换，这种交换普遍存在于教育与环境之间以及教育的各个子系统之间。从教育生态学的角度来看，英语课堂应成为一个有机、统一、动态的生态系统，英语教师、学生和课堂环境共同构成一个生态环境。几个要素之间既彼此独立，又相互依赖。它们的动态发展和变化将直接影响大学英语教育的正常发展。全面而均衡的生态学观点指出，如果其中一个因素被破坏，则会引发连锁反应，从而导致大学英语课堂的生态失衡。因此，课程设置应注重多样性和灵活性，着眼于未来发展，努力使大学英语课堂成为一个开放、完整、和谐、可持续发展的生态系统。

（一）教育的生态功能

正是由于教育的生态功能，教育活动才能有序、可持续和稳定地发展。教育的生态功能决定了教育具有丰富的生态特征，并通过生态功能体现出来，两者紧密相连。教育的生态功能不仅保证教育活动的持续稳定发展，而且人与社会的和谐发展也取决于教育的生态功能。根据生态教育的特点，可持续育人功能、系统规范功能和动力促进功能是教育的三大生态功能。

1. 可持续育人功能

“育”就是养育、培育、教育。教育教学最本质的功能就是育人，这是无可质疑的，教学以人为本，旨在培养健康向上、全面发展的人。教育对人的“育”从三个方面得以体现：①关注人的身体发育，教育以促进人的健康成长为根本；②借助教育活动，促进人的智力水平的提高，同时对审美能力、创造能力等多方面能力加以培养，促进多种技能的发展；③提高人们的道德水平。在历史的发展长河中，教育是一个持久的、无限的教学活动，这就是所说的教育的可持续育人功能。

首先，教学是一个漫长的过程，其效果并不是即刻显现出来的，而是通过日积月累的积淀得以提高。一方面，教学是一个具有内在关联性的整体，教学的每一部分、每一环节都是不可分割的。学生身心发展的阶段性就决定了教育教学的阶段性，对教师而言，教学中每一新阶段的开始不仅是对上一阶段教学成果的巩固和继承，同时也为下一阶段的教学做铺垫——打好扎实的基础以促进更深层次的教学。对于学习者来说也是如此，学习内容的有序性排列就说明了学习内容之间具有关联性，前面的内容为后面内容的学习起到支撑作用，是相互渗透、相互联系的，不能将一种内容独立地进行教学。同时，不同学习内容对学生能力的培养也是不同的，我们不能片面地认为哪类内容对学生发展是重要的，哪类是微乎其微可以忽视的。对于学习者来说，所有的内容都是必不可少的，它们是促进个体全面发展的关键。另一方面，教学不在于学生可以获得多少知识和技能，而是在于培养学生的“学习”技能，这是实现个人终身学习的关键因素。实时学习和应用是人们对教与学能力的基本表达，使学生能够不断发展。虽然促进学生成长需要充分利用学生的独特潜力和创造力，但这些独特的潜力和创造力不能单独用作重要的教学资源，需要有来自教师的深刻理解的帮助。准确有效的教学方法只有逐步转变为明确的能力，才能促进教学。学生的无限潜力和创造力决定了教师的教学在发现学生潜力和培养学生创造力方面所起的作用也是无限的。

其次，教科书对教师的教育和学生的学习非常重要，并为教师和学生提供了丰富的教学材料。课程分为显性课程和隐性课程，两者对学生的进步同等重要。显性课程就是教育所规定的标准教学内容和教学目标，并在课程和教材中都明确地体现出来。隐性课程与显性课程有时会同时出现，这是一个随机的、不可预测的过程，对学生的态度、习惯和文化认识都会产生微妙的影响。而除了课堂教学之外，学校环境氛围所体现的价值观、信念，各种社会活动以及一些非正式的和潜在的教育活动都对学生发挥着自己的教育作用，并影响到学生的方方面面。当然，显性课程的效果仍然是明确的，在学生的成长中起着重要作用。但是，显性和隐性课程都可以促进学生个体的发展和自我意识的形成，而且影响广泛，在学生发展中的作用不容忽视。因此，学校必须尽快将隐性课程纳入教学内容，充分发挥其不可估量的影响力，重视显性课程和隐性课程的互补效益，促进学生的全面发展。基于隐性课程的持久性影响，在某种程度上它反映了教育活动的无限潜力和培养创造力的能力，其潜力的挖掘是可持续的。

2. 系统规范功能

在自然生态系统中，生物之间存在独特的生态链。整个生态系统都依赖此生态链来维持平衡。这是一种自然调节能力，可让其他生物实现动态平衡，根据优胜劣汰的自然规律连续稳定地发展。

教育系统就像一个自然生态系统，其中有几个影响因素以整体和系统的标准指导教育活动的发展，从而确保教育的有序性和有效性。这里提到的系统性规范包括贯穿教育法则的有形的制度性规范和无形的规范，二者共同影响教学活动，并以显性和隐性方式提高教学质量。

通过制定相关的教育制度来明确限制和规范教育活动的发展，这就是有形和明确的规范，具有一定的强制性，在明确的条件下直接影响教育活动。其中最具代表性的就是教育管理制度。早在两千多年前，《学记》在讨论教育管理时就有以下描述：比年入学，中年考校。一年视离经辨志；三年视敬业乐群；五年视博习亲师；七年视论学取友，谓之小成；九年知类通达，强立而不反，谓之大成。通过学生身份管理和绩效评估来实现“足以化民易俗，近者说服而远者怀之”的教学管理目标。当然，现代教学管理已经取得了长足的进步与发展。如果仔细观察一下，就会发现现代教学管理的特色和深层内涵，内容和形式更加丰富。“现代教育管理”根据教育活动的客观规律针对整个课程采用现代科学的管理理念、原则和方法，用于确定计划，组织、实施和检查教育任务，指导、总结、提高和最大化教师和学生的成果，以确保实现教育目标。教育目标与教学内容，教学方法和教育评价都得到了明确的界定，都是教育综合科学管理所包含的要素。以教育评价为例，需要确定评价目标、评价方法、评价指标、评价依据，才能提高教育评价的有效性和可靠性，使教育体系通过清晰和详尽的评价来实现科学的教育管理，促进教育质量的提高，优化教育效果，确保实现教育目标。

与制度规范不同，教学规律是教育活动中必然和稳定的教育关系，反映在教育活动中，是在长期教育实践中探索和总结的内部规范。教学规律就像教师和学生心中的一根准绳，师生双方应该始终遵循，没有必要用词汇表述清楚，但不允许违反。这样自然就可以达到预期的教学效果。教学规律与自然法则相同，可以使用，但不能更改或创造。因此，在教育过程中，教师和学生都必须遵守教学规律，才能促使学生获得有效的发展。普通教育活动有四个规律：第一，教育活动与学生的发展密切相关，两者相互促进和相互影响；第二，师生是教育活动的共同主体；第三，教育目标、任务和内容必须满足社会的需求；第四，教育效果受各种复杂的教育要素的影响。这些规律不可忽视，正确理解和充分利用这些规律，师生就可以在教育活动中发挥更大的作用。

3. 动力促进功能

动力促进功能是针对教育活动本身的，是教育活动的最基本功能。李森教授的《教学动力论》阐述了要素之间的对立统一对教育发展的推动作用，借助矛盾论系统地研究了教育动机，并分析了各种教育矛盾中的教育要素和动力问题。在这里，我们不对此做过多的详细介绍，而是从学生学习动机的角度分析教育的动力促进功能。学习动机是针对每个学习者的，它是一种内在动力，只有借助这种内在动力，学生才能积极参与学习活动。与外部动力不同，内部动力受学生的兴趣和爱好的影响，反映着学生的理想和信念，也反映着学生对世界和生活的看法，是学生主观意识的体现。强烈的学习动机不仅可以提高教学质量，而且可以促进学生发展，是实现教育目标的重要动力。因此，在实际课程中，教师应以学生的兴趣爱好为出发点，时刻关注学生，激发和培养学生的积极学习动机。教师可以从三个方面激发和培养学生的学习动力：第一，学习的动力来自对注意力的需求，并且源于学生的理想和抱负。因此，教师应培养学生的学习兴趣，并引导学生产生积极主动的生活和学习态度。第二，充分利用教师的榜样作用。一位好老师不仅应该具有较高的专业能力，而且要具有积极的教学态度和丰富的人格魅力，这会对学生产生微妙的影响，促进学生的学习。在教师积极的生活和工作态度的影响下，学生自然会喜欢教师，并对教师的教学过程产生兴趣。第三，有必要从学生的需求出发，采取多种教学方法，使学习过程更加贴近现实生活，从而激发学生的积极性，使他们积极参与学习活动。

需要注意的是，不仅学生的兴趣能引发教学动机，教学活动本身也是一种动机，它基于教师和学生的个性特点，是通过教学活动挖掘和发展出来的。教学活动应从师生的需求出发，尊重师生的个性，并通过科学的教学过程促进教学目标的实现。否则，动力不足，不会很好地促进教学的开展，甚至可能限制教育的发展。

教育动机是教育可持续发展的强大动力，没有教育动机的教育活动无法持久。因此，教育的动力促进功能是教师必须认识到的一项基本功能，不仅促进教学活动的发展，而且促进学生积极参与学习活动。

从生态发展的角度来看，教育是一个整体、动态、平衡的发展过程，其自身的生态功能和生态特征决定了教育本身的可持续发展。教育伴随着人类文明的发展，人类文明的发展受到各种教育因素的影响，已经积累了数千年的文明历史，并经历了许多突破和改革。这种突破和变化本质上是教育生态学形成、发展和升华的过程。在这一突破和改革的道路上，必须坚持发展生态教育。有理由相信，通过不断的努力，生态教育将最终实现。

（二）我国英语教学的生态特征

1. 英语纳入学校课程的生态位摇摆不定

1950 年，教育部对外国语言课程进行了首次重大改革，使俄语成为了全国中小学的第一门外国语言。在俄语课程实施之后的几年中，举行了两次全国俄语教育会议，使得俄语教育在全国各大学校中广泛开展。一段时间里，无论是在初中还是高中，俄语教学席卷全国。由于原来的英语课程被取消，英语老师被迫寻找其他出路，英语教育受到了极大的打击。另一方面，俄语教学的质量又很低，因为不可能立即聘请到大量高级俄语教师。对俄语教学的热情和支持严重挤压了英语学科的空间，初中和高中的英语课程基本上被边缘化了。1957 年，国家放宽了语言政策，英语课程逐步重返教育中心，同时以 1∶1 的课程比例保持英语和俄语相对平衡。1959 年，教育部增加了英语课程，英语教育逐渐开始受到“欢迎”。1964 年，英语再次成为国内中小学的第一外语，但是英语课程的比例有所下降。1970 年，教育部将俄语和英语的课时比例调整为 1∶2。

1979 年，教育部再次选择了英语科目，重新确立了英语教育的重要地位，英语再次成为中小学教育的第一外语，并被广泛纳入中小学课程设计中。随着改革开放的不断深入，英语教育已逐渐成为我国中小学教育的研究重点，并进入了一个新的发展阶段。统计显示，1984 年，全国学习外语的 3800 万中小学生中，92% 以上是英语学习者。2001 年，教育部推动了一项新的基础课程改革，要求从小学三年级起开设英语课程。这意味着英语教学已成为 21 世纪基础课程改革的新趋势，这必然大大加快英语课程体系的发展。

2. 英语课程课时生态上下起伏不定

除了在学校课程中英语的地位有波动之外，英语课程的学科状态和课时设置也在学校课程体系中波动。以初中外语课程为例，1951 年《普通中学英语科课程标准草案》初中部分要求每周增加三个小时的中学英语课时，而 1952 年中央政府要求加强俄语教育并减少英语课时。高中部分规定外语课程每周五小时，但在 1953 年 8 月至 1954 年 7 月试行中学教学计划（修订草案）的调整办法中将外语课程调整为每周四个小时。而 1956 年颁布的《高级中学英语教学大纲（草案）》是为了进一步促进英语教育的发展，但是，由于 1954 年和 1957 年大学入学考试时停止了外语课程，英语课的质量没有提高。

国家外语政策的风风雨雨引起了学校英语课程的频频变化。直到 1963 年，外语课程在所有课程中的地位上升到第三位。到 1982 年，教育部意识到学生对外语课缺乏足够的兴趣，并展开初步的反思。在 21 世纪实施新的基础课程改革之前，这些起伏的情况是不可能避免的。而新的基础教育课程改革将英语课程的地位提升到了与语文和数学类似的水平，真正确保了英语课程在学校课程中的重要地位。

3. 英语师资队伍生态发展举步维艰

1903 年实行新学制后，英语学科成为中国教育的主流学科，英语教师、英语教材和其他与英语有关的书籍都得到了加强，这种情况一直持续到中华人民共和国的成立。新中国成立初期，因为政治因素而开始普及俄语教育，逐渐将英语课程从“首选”课程中删除，英语进入了较弱的语言行列。这些大规模的改革严重打破了英语教育生态系统的平衡，英语系逐渐衰弱。1963 年，全国英语教师的比例增加，英语教师的短缺却加剧了，教育部在随后的两年中提出了针对这种现象的对策，并扩大了英语教师的数量，以满足英语教师的实际需求。1978 年，廖承志（当时的全国人大常委会副委员长）承认：那年我们停掉英语课程而大力开设俄语课程，这一做法是极其错误的，放弃英语教学使得中学外语水平大打折扣，英语教育生态系统的失衡，将很难修复，这一损失是惨重的、不可挽回的。

随着 1978 年外语教学座谈会的召开，英语教育又回到了学校教育的主流范围，但教师的短缺再次出现。为了满足英语教育的需求，一些学校扩大了利用非英语专业教师的规模。而在农村和贫困地区，英语教师的短缺尤为明显。过去教英语的教师不是真正的英语专业毕业，部分俄语老师会通过临时学习充当英语教师，这影响了英语教育质量。直到 1990 年，某些地区的中小学英语师资才有了明显的改善。但是随着我国对外开放的程度越来越深，在许多学校，英语教师再次成为稀缺资源。

4. 英语教学方法生态繁荣步步惊心

国家教育行政部门要求学校及时应用教育理论的最新发展成果，更新和改进自己的教学方法，与国际语言学研究保持同步，并确保其教学方法的现代化。但是，在实际教育中，这些要求并未得到有效执行，许多英语教师仍然坚持按照传统的语法翻译法进行教学。《全日制高级中学英语教学大纲》明确规定了英语教学的目的：关注学生的听、说、读、写技能的发展，教给学生有效的阅读技巧，以提高他们的阅读能力，让学生独立自主地学习，提高学习技能与语言技能，鼓励学生更深入地学习。在英语教师紧缺的时候，现有的英语教师只能用语法翻译法进行教学，这是当时社会环境中最合适的方法。语法翻译教学法依靠母语，根据相应的语法解释，对重要的句型进行细化和解释，最后根据前两个步骤对全文进行翻译，了解并掌握文章的结构和内容。近些年，这种英语教学模式不断出现问题，在其发展过程中，学者们开始集中精力拓展基于任务的教学，以找到更适合当前教育状况的教学方法。例如卡利斯（Callis）建议将“3P”教学法与基于任务的教学相结合，增加英语练习的频率，并鼓励学生使用英语。此外还发现，对于中国学生而言，背诵和模仿训练可以很好地促进学生的英语学习。因此，在英语教学中适当地结合背诵和模仿练习可以提高学习效果。但整体来说，我国的英语教学方法相对落后，发展趋势也不容乐观。

二、大学英语课堂生态的结构与功能解析

在传统的大学英语课堂中，英语老师用传统的方式进行知识传授和学习评估，大学英语课堂采用一种纯粹的工厂流水线操作方法，该方法无法照顾每个学生的能力和兴趣，进而忽略了学生的个体差异。教师将注意力集中在单方面地传递知识上，仅侧重于期末成绩评估，阻碍了大学生的个性化发展，未能培养大学生的个人兴趣和能力。探索和实现大学英语生态教室的建设，可以使大学英语师生在和谐的教室环境中实现有机平衡，实现教室生态与生态文明建设的兼容，达到可靠有效的教育目标。在此基础上，需要分析大学英语课堂生态系统的结构和功能。

（一）大学英语课堂生态的结构分析

结构的“结”是指“连接”，“构”是指“框架”。结构是指根据特定关系组合多个组件而形成的框架。常用于表达事物存在的状态。该结构主要涉及两个层面，即组件和关系。

为了充分反映生态系统的功能，不仅需要生态系统的组成部分，还需要特定的结构。营养结构和形态结构是生态系统的两个基本结构。营养结构是一种抽象结构，生产者、消费者和分解者是其中的组成要素，有生命和无生命的物体通过营养紧密地联系在一起。内部和外部组成，颜色和纹理构成了生态系统的形态结构。基本的内部结构和外观形成完整的形态结构，生产者、消费者和分解者具有生物学功能，无机物质、有机化合物和气候因素是非生物环境，相互依存。这就是生态系统的基本结构。某些生态系统的生物学类别和个体不同，环境的组成也不同，所呈现的各种外部形式均受营养结构的影响，无法统一归类，因为它们与其他生态系统不同。虽然它们不是相同的类型，但仍然可以抽象地呈现内部结构，根据生态系统各部分的不同功能，在营养结构中将其分为三个主要类别：消费者、分解者和生产者。太阳的能量通过生产者的光合作用进入人类生态系统，并逐步流动，形成了生态系统三个主要功能组的营养结构。

课堂生态与自然生态相似，“人”是课堂生态的主体，对应于自然生态系统中的生物；“环境”是指课堂的生态环境，与自然生态的非生物环境相对应。这是教室的基本结构。“人”可以分为学校学生和教师，教室的生态环境可以分为学校环境、教材、师生友谊、教学方法、学校软硬件设施，等等。这些细分项目可作为课堂生态系统的组成部分。这些组成部分，或者说生态因素构成了完整的生态系统，各生态因素是相互影响、相互依存和相互作用的。师生构成了课堂生态系统的基本营养结构。老师通过向学生传授课堂内外的知识以及他们的生活经验来教育学生，允许学生以简单易懂的方式学习和消化这些知识和信息。教师是这个生态系统的生产者，学生通过做作业或测试的方式向教师提供具体的反馈。

社会生态学不同于自然生态学。课堂生态学是一种社会生态学，当然也不同于自然生态学。课堂教学生态的可持续本质上源于教育生态学的不断发展，促使人们加深对课堂生态学各部分之间关系的认识，导致课堂生态学的形态结构和营养结构不断发展和变化。为了更好地适应时代的发展需求，有学者认为，建立结构和过程视角是研究课堂生态结构的前提，必须使用关联思维来认识课堂生态系统各要素之间的关系，而不是物理思维。这是认识课堂生态结构所必须持有的一种观点。要擅长从动态而非静态的角度来观察教室生态，发现和利用教室生态各元素之间的相互作用。

现代教育生态的概念不同于传统的课堂教育。课堂上传统的教学方式主要是由教师来教，教师通过教材、视频、音频等向学生传授知识，履行其作为教师的职责，并允许学生使用与教师相类似的方法。学习和成长的过程基本上是师生之间的单向互动。但是，现代教育理念认为教学不能再仅仅基于知识的转移，学生在学习知识时应该与教师和谐相处，共同成长，营造和谐的师生关系及教室氛围。教育生态的概念认为，教学是由教师、学生和教室环境组成，相互作用，相互依存，彼此融合和转化，以形成多种多样的关系，构成一个复杂的生态系统，实现师生的共同成长和发展。师生需要利用这些关系来实现和睦相处。在课堂生态系统中，教师是知识的主要生产者，但并非唯一的知识生产者。学生是知识的主要消费者和分解者，在某些情况下学生也可以成为生产者。像提供者一样，教师可以通过学生和环境来学习不同的知识，并且可以同时具有三个身份，即生产者、消费者和分解者，而不是只具有生产者的身份。教师还可以通过计算机网络、多媒体等来生产知识。这样，教师和学生都具有这三种身份，但教师仍然是知识的主要生产者，学生是主要的消费者。能量的流动和信息的交换是通过教师、学生与环境之间的课堂互动来实现的。

传统观点认为教室的氛围就是教室的主要环境，而现代的教育生态理念并不局限于教室氛围或教室环境，而是有各种各样的观点，出现了不同类型的分类方法，从不同角度着眼于不同方面。尽管像安德森这样的学者将教室环境分为两个维度，即结构维度和情感维度，但也有人认为教室环境具有三个维度，即个人发展、人际关系、系统维护和变更。李森从自然的物质环境出发，将教学环境系统分为不同的文化环境和心理环境。除了这些分类方法外，还有一种正在引起公众关注的分类方法，该方法将教室环境分为两类：①派生课堂生态环境是社会规范环境的组成部分，具体是指派生课堂生态主题。课堂生态环境因素，如教材、班级制度和学生的心理等，而且基于学校环境，如软硬件设备等物理因素。②客体性课堂生态环境，主要基于客观环境因素，师生个体因素如学生整体素质或教师专业性等成为主要影响因素。但是，这种分类方法也是模棱两可的。首先，该分类方法可以包括在衍生的教学生态环境中出现的教学方法。其次，将教学对象主题命名为教学环境容易导致歧义。

研究表明，在课堂环境中要考虑三个维度：①结构维度，即构成教室环境的生态因素。心理学认为，环境通常是指生物体周围各种条件的总和，该条件是特定生物体或生物群体之外的空间，以及直接或间接影响生物体的生存和发育的许多因素。从这个意义上讲，教学环境应包括教室设施和布局，现代信息技术和教材以及其他教育媒体，教师的教育观念和方法以及学生的学习态度。由于社会生态系统的环境也包括人，因此必须指出，在某些条件和情况下，师生也在课堂环境中发挥作用。②关系维度，即课堂生态系统中生态因素之间的相互作用关系，主要是指教师的情感态度，学生的情感态度，教师与学生的关系，教师与学生以及环境之间的关系。③文化维度，即维持和改善各种课堂文化和课堂生态系统运作的规章制度。可以从时空维度的角度来进一步理解。第一个维度是在上课之前确定的客观情况，可以说是在课前创建的环境。第二个维度是课堂教学中交互式场景所塑造的情况。可以说，这是在课堂上创建的环境。而第三个维度是通过教学中各种反馈形成的学习风格，可以将相应的系统称为课后创建的环境。这三个环境是动态概念，会随着时间而变化。换句话说，在此教学过程中，学生的观点和对老师的态度会成为下一堂课的课前环境，同时又是本节课在课堂上创建的环境。如果能够巩固良好的互动气氛并形成一种教学氛围，它就能延续成为下一堂课的课后环境。

可以看到教学环境、教师的教学活动和学生的学习活动在三个方面相互影响：文化、结构和关系。类似于网络的教学生态结构的形成依赖于三种要素的融合：教师、学生和教学环境。李森等学者认为，交叉结构是课堂生态结构的主要体现。师生互动和关系发展以教学环境为媒介。为了使教学环境能够不断发展和创新，必须依靠教师和学生在教室中进行的各种创新活动和互动。

教育生态学体现了教学中各种要素之间的关系。生态是所有教学活动都会营造出的一种状态。教学生态是教学生态系统所代表的条件。真实存在的状态不受主观影响，在某种程度上具有客观性，是教学的外在体现。教育生态是一个全新的概念，可以从生态学的角度理解教育活动而不会感到肤浅。确切地说，教育生态学在打造良好教育效果方面发挥着重要作用。从一般意义上讲，教育生态学是从不同于传统教育理念的生态视角来理解和创建的。

教育生态学关注的是主观和人为，并体现了什么才是良好的教育生态。

生态课堂的含义包括和谐均衡的环境生态、文化生态、行为生态、心理生态和关系生态等。生态课堂本质上就是教育生态，其中内部和外部关系需要相互协调，才能促进师生的成长。课堂生态学与生态课堂的关系在于前者是后者的内容和基础，后者是前者的方向和目标。教育生态的建设可以基于对现有教育生态的调查和分析，低层次的教育生态系统可以发展成为高层次且更加和谐的教育生态系统。这也是教育生态学研究的基本思想。

回到课堂的生态结构。在讨论结构化课堂生态要素之间的关系之前，需要弄清课堂生态要素的动态结构。从过程的角度来看，每个生态因子的演变甚至突然变化都会影响课堂生态结构的变化。这是因为课堂的生态结构不是一成不变的。外部条件，如教师的道德操守、学生的素质、学校的软硬件设施以及学生的学习环境，都会对课堂生态结构产生影响。作业、目标、角色、社会结构资源、时间和效率是课堂生态系统中的六个重要元素。教育家还发现了讲授式课堂、建构式课堂和共建式课堂这三种课堂生态，它们各有利弊，但都是一种动态的关系结构和营养结构，它们通过过程得以体现，在平常的课堂教学中可以穿插运用。讲授式课堂生态是传统教学方法，课堂生态以教师为中心，教师控制课堂生态的能量流动和信息流通；建构式课堂生态是一种新型教学方法，它以构建主义理论为基础，以学生为中心，教师则从主讲者变为助学者，学生控制课堂生态的能量流动和信息流通；共建式课堂生态则是一种理想的课堂生态，它以共生原则为基础，即教师和学生都可以成为课堂的主体，他们共同学习、共同进步，实现了一元主体向多元主体的发展。从建构主义观点和生态教学理论来看，生态课堂的发展还是要以建构式课堂生态和共建式课堂生态为主。

（二）大学英语课堂生态的功能分析

大学英语课堂生态系统的功能意味着在系统内部和外部之间的联系和关系中强调某些特质和能力，可以理解为“发挥的作用及表现的能力”。在系统中，功能是由系统行为引起的，它对系统内的整体环境或个别事物都起到了积极的推动作用，每一个系统都具备相应的功能。系统在相应环境中出现的变化被称为系统行为。能量流动、物质循环和信息传递是生态系统的三个主要功能，在维护生态系统的正常运行中发挥着重要作用。课堂生态系统具有生态系统的一般功能，属于教育领域的微观生态系统。课堂生态系统的系统功能由结构和环境决定，系统内部各种因素之间的相互作用与系统外部环境之间的相互作用是同时进行的，从而在系统内外产生积极影响。

课堂环境中各要素相互作用形成的整体被称为课堂生态的形态结构，系统与外部环境之间物质、能量和信息的交换与转移被称为课堂生态的营养结构。这种生态系统的正常运行取决于师生之间的教育交流，并以此完成系统中的物质循环、信息流通和能量流动。在这种结构和环境中，系统组件、系统本身以及系统所处的环境将如何影响课堂生态系统？不同的学者对此有不同的看法。李森等学者认为，可持续发展功能、系统规范功能、动力促进功能和营养功能是课堂生态的主要功能。黄远振等人将大学英语课堂的功能概括为调解和传递功能、处理和加工功能、协调和适应功能、促进和驱动功能。窦福良详细介绍了课堂生态系统中物质流动、信息交换和情感交流的三个方面。张舒将其概括为调解功能、链接功能、提升功能、动力功能和规范功能。潘光文总结了四个功能：营养功能、环境参考功能、促进动力功能和系统规范功能。

这些分类反映了对课堂生态的两种理解：①课堂生态是一种生态系统。②课堂生态主要是指课堂环境，特别是教室的指定生态环境。导出的课堂生态环境倾向于将课堂生态系统理解为教学生态系统，系统运行和优化的目标是建立生态结构化的课堂教学。根据系统的内部结构、内部关系、系统范围和社会影响，可以通过结合课堂生态的表现和生态课堂的表现来总结课堂生态的四个主要功能。

1. 优化结构的功能

课堂生态主体与环境的结合已成为相对稳定的课堂生态的基本结构。教师将知识传授给学生，学生学习和运用知识。这样可以在课堂中创建清晰的生态结构和营养结构。教材起着至关重要的作用。学生通过教材学习知识、了解世界开阔视野。但是，随着科学技术的发展，人们的生态观念也在不断改善，偏离了原来的格局。互联网和多媒体技术的进步为传播知识提供了多种渠道，因此知识的传授不再仅仅依赖于教材。学生也从被动吸收知识转变为主动发现、体验和生产知识。教师和学生可以通过相互学习而共同成为知识的提供者。生态观念的变化促使课堂的生态结构发生变化，后者已从传统类型演变为内置和共建类型，并且仍然在不断发展和优化。

2. 调协关系的功能

师生关系是课堂生态的重要组成部分，在课堂生态中作为生态主体发挥着重要作用。师生关系通过课堂教学活动不断发展和变化，教师与学生相互支持、相互依赖。如今，生态化的课堂正从简单的教师教育过渡到师生互动，倡导学生更多地参与课堂互动，而这些新的教学方法使师生之间的关系更加和谐。更重要的是，生态课堂反映了师生之间的双向沟通，打破了师生之间原有的单向沟通。此类双向交流方式有助于加强情感交流，加深情感信息与各种生态要素之间的关系，从而形成动态的情感交流网络。师生的情感态度会相互影响，教师会影响学生知识学习的效果，学生会影响教师的教育水平，因此，教师和学生应该积极反馈自己的感受，以形成师生之间的和谐关系。同时，必须在课堂生态中不断优化主体与客体之间的关系，以确保它们的和谐共处。

3. 促进演化的功能

系统动力由生态系统的正常运行来保证，并且材料、能量和信息的交换以及系统与外部环境之间的循环确保了生态系统的正常运行。由于教育生态学不是自然生态学，而是社会生态学，因此太阳不能成为能量的提供者，其能量来自系统外部环境的影响以及教室中师生之间的相互作用。良好的教育发展取决于多种学习资源、和谐的师生关系、适当的教学方法和积极的世界观。教师生产知识的能力以及将资源转化为知识的能力是系统信息的主要来源，而系统的驱动力、信息流和智能流不仅为师生提供了便利，而且还需要不断地投入能量和知识来使得环境升级，使得系统运行更流畅，更自然。通过学生的学习和沟通，这种外部知识和能量被转化为学生的素质，会在未来社会发展中发挥重要作用。

4. 生态育人的功能

生态系统的基本功能是提高生产力，而课堂生态系统的基本功能是发展人才。在这里，教育生态具有三层含义：①生态中的各部分要素共同成长。由于人是教育的关键要素，对人进行教育是教育的首要任务，因此课堂生态系统的功能最终是对人进行教育。和谐共生是生态课堂的基本属性，师生共同成长是生态课堂的最终目标。传统课堂注重学生发展，生态课堂注重师生共同发展，注重以教师成长促进学生成长。②生态主体的可持续均衡发展。传统的课堂认为学生是流水线上的产品，注重机械性的指导，而忽略了学生的情感体验和能力培养。现代生态课堂更注重学生的多样化发展，以帮助学生实现道德、智力、体育和艺术的全面均衡发展。可持续发展是现代生态学研究的重要领域和重要思想，它需要对学生进行长期的培养，并着重培养学生自主学习能力。这不仅促进了人的可持续发展，而且促进了社会的可持续发展。③如何使教育工作更加贴合生态科学。传统的课堂认为“教不严，师之惰”，学生可以通过教师教学成为杰出的人才。但是，现代课堂生态学认为学生应该能够主动发现、学习和体验知识，注重培养学生的自学能力和判断力，确保学生尊重教师但不要迷信教师的权威。因此，传统的课堂灌输式教育与生态学不相容。师生共同发展、学生自主进步的建构主义课堂的发展是现代教育生态学视角下教育工作的主要发展趋势。

这表明结构和环境共同构成了系统的功能，并且它们都是必不可少的。系统的结构相对稳定，但是外部环境不是静态的。外部环境的变化不仅影响系统，还影响能量和信息的交换，因此，系统与环境之间的交互作用必须得到重视，否则很可能导致系统功能瘫痪。由此可以看到系统的功能变化可能大于系统结构的变化。大学英语课堂的结构和功能相对稳定，符合一般生态课堂的特点。但是由于现代大学英语教育的信息化，大学英语课堂的环境也发生了变化，系统功能的改变一定程度上使得以往的大学英语课堂生态丧失了平衡。

第三节　英语教育教学的失衡表现与重构

英语教学生态失衡是一个十分复杂的问题，具有多方面的成因，其重构也不是一蹴而就的。因此，本节就大学生英语课堂的失衡现象以及大学英语课堂生态空间重构问题进行分析，为英语教育教学生态重构提供定量依据。

一、大学英语课堂的失衡现象分析

由于大学的不断发展和现有各种条件的限制，大学英语教育存在着诸多不足之处，大学英语教学中的生态失衡日益普遍。

（一）系统组分构成比重的失调

课堂生态系统包括课堂生态主体和课堂生态环境之间的相互作用。课堂生态主体是指整个系统的生物部分（教师和学生），这个概念相对容易理解。

课堂生态环境的概念更为复杂，从学习者的角度来看，课堂生态学的某些主体可以转化为环境并产生影响。人们习惯于从三个方面来理解课堂的生态环境——文化、关系和结构。课堂生态环境可根据时代划分为三类：第一类是教师的讲课水平、教材的状态、网络和多媒体的状态、学生的学科基础、教室的环境以及师生的存在环境等，这些构成课前环境。第二类是在课堂上创造的环境，如教师对教室环境的感觉和态度，学生对教室环境的情感和态度，学生之间的关系以及教师和学生之间的关系。第三类则是课后环境，如班级和学校制定的规则、规章以及班级和学校的学习氛围。

如果从量变的角度出发来对课堂生态系统中各组成部分的比重进行分析，可以看出，“量变”指的是事物在程度上发生的变化，这是针对质变来讲的。课堂生态系统是一个相对完整的系统，因为该系统的各种内部元素相互限制并相互作用，因此，将现代信息技术引入课堂生态系统时，不可避免地会影响其他系统，创造了新的角色和新的要求。同样，如果该系统的其他要素不随信息技术的要素发生变化，则该生态系统各个组成部分之间将失去平衡，从而导致大学英语课堂生态系统失衡。可以用更生动的例子来说明。当大学英语课堂生态系统被认为是平衡时，通常是平衡的；但是当“现代信息技术”方面的权重较大时，平衡状态将被打破。为了保持平衡，需要适当地调整“现代信息技术”另一侧的负载，以便找到新的平衡点。相同的原则适用于整合课堂生态系统：该系统必须保持动态平衡。它不能是静态的。只有调整结构，系统才能不断向前发展。第一个调整应该是每个组件的更改。随着教育改革的不断发展，许多先进的信息技术被引入大学的课堂教学环节中，增加了信息技术在课堂生态系统中的比重，并且与系统其他元素的比重也发生了巨大的变化。信息技术引起不平衡后，如果其他因素没有同时发生定量变化，没有及时调整，信息技术与其他因素之间的关系和最终产生的教学效果就会不明确。

2016 年，在全国范围内推进基于计算机网络的大学英语教学改革后，学校将现代信息技术的应用作为改革的突破口，使传统的基于课堂的英语教学在信息技术的基础上有了建设性的创新。很多学校和教师都在尝试将信息技术与以往的教学工作结合起来，以增强大学英语教学的实效性。随着在大学英语教学中引入了大量信息技术元素，在课堂生态系统中所包含的环境因素也发生了显著变化，在这种情况下，只有系统中的其他生态因素积极响应变化，课堂生态系统才能保持平衡和稳定。但是，大多数教师的教育观念未能与时俱进，因此必须提高信息技术的使用能力。而且，学生还没有改变他们的传统学习方法和习惯，也没有真正适应新的教学方法和新的学习环境。由于生态因素没有及时得到更新，因此在信息技术与传统教育之间的缺陷共同作用下，出现了各种问题。这些问题包括：学生缺乏独立学习能力；课堂教学是以教师为中心而不是以学生为中心；课堂气氛依然沉闷，教学方法的变化相对缓慢。信息素养水平没有明显提高；教师的信息水平停滞不前；学生的学习习惯没有完全改变；教师的教学观念更新缓慢。上述各种问题的长期存在严重阻碍了大学英语信息化教育的发展速度和效率，现代信息技术很难在大学课程中发挥应有的作用。现代信息技术就像一个鼓励性的要素，很难与其他要素紧密联系，或者说其他要素处于一种停滞的状态，对教学改革的期望与实际的教学效果之间仍然存在巨大的差距。

1. 系统组分之间交互关系的失谐

随着在大学英语课堂中引入了许多信息技术要素，课堂生态系统中各个组成部分的比例已严重失衡，系统要素之间的关系开始变得不平衡。这些组件在网络中垂直和水平分布。由于信息技术在现代大学英语教育中具有重要地位，因此为了使叙述更清晰和易于理解，本节将解释生态主体之间的差异，并详细介绍基于现代信息技术的系统组件之间的相互作用，说明组件之间的失谐情况。这种失谐主要发生在信息技术与教师、学生、教育模式、教材、教室布局、教学内容、教学评估和教学管理之间。

（1）生态主体之间的失谐。大学英语课堂生态的各个主体都像网络一样交织在一起，主要是教师和学生。如个别教师和教师群体，个别学生和教师群体，个别教师和学生群体，个别学生和个别学生。所有这些主体都在发生相互作用。在所有关系中，最重要的是教师团队和学生团队之间的互动。

为了保持师生之间的和谐互动，他们的目标和思想必须保持一致，以使师生之间的交流更加顺畅、关系更加协调，促进师生和谐相处。但是，现实中，由于教学改革的进展和信息化进程的加快，师生之间的和谐关系无法达到理想状态，这种关系中常常会出现不一致的情况。这主要是由于师生的思想和目标不一致，在整个教学过程中还在不断变化。我国倡导的教育改革是自上而下的改革。学校和教师都在关注改革的步伐，将网络信息技术大力引入教育工作之中。也就是先使用互联网技术进行教育活动，将其作为一项改革的动作，然后在改革的过程中发现并解决现有的问题。但是学生并不十分关注教育改革的进展，只对如何进行实际学习感兴趣，只关心如何更有效地提高自身英语技能。这就在教师的“教学”目标和学生的“学习”目标之间造成了差异。教师通过维护新的教学理念，使学生成为教学的主体并提高学生参与课堂教学的积极性，进而提高学生独立学习的能力，但是学生并不容易接受这种新型的教学方法。很多学生认为，学习知识最有效和最常见的方式就是听教师的解释，进行过多的课堂讨论或自学会浪费彼此的时间，降低学习效果。

近年来，大学已经开始使用许多网络教学方法，但是新的教学系统和教学方法缺乏促进师生互动的有效机制，两者之间的互动存在延迟。师生之间的交流不顺畅，教师与学生的实时互动非常困难。首先是信息交流不顺畅，其次是情感交流不顺畅。信息教育环境有时甚至会阻碍师生之间的情感交流。实际上，信息技术是师生之间的情感纽带，有利于师生之间进行有效的情感互动。在线教学法致力于使学生成为教学的中心，旨在培养学生独立学习的能力，但并非不注重师生之间的情感交流。网络教学有效性的发挥迫切需要对教师进行情感交流方面的培训，但是在现实教育场景中尚没有有效开展此类培训。一些教师很少使用互联网来检查和掌握学生的自学情况，还有一些教师则不仅无法通过互联网来了解学生的情况，也无法及时回答学生在网上提出的问题。学生的情况对于教师来说是未知的，学生也得不到教师的有效反馈。在这种情况下，学生自然会在学习中感到孤独，无法在在线学习中找到自己的存在。一些教师对网络教育不太了解，也没有积极地与学生互动。这样，师生互动的显著减少大大降低了学生的学习效率，并在师生关系中制造了矛盾。

信息化英语教学中影响师生团结的主要因素是师生思维差异，包括师生目标之间的差异、师生身份之间的差异以及师生之间的互动仍然不足。师生比例严重失衡，师生之间的沟通仍然不顺畅。在这里，以师生比例为例加以说明。在中国高等教育阶段，英语是大学的主要学科，英语教育是大学教师的重要任务之一。大多数大学教师每周上 10 堂或更多课。因此，教师必须在几节课中面对数百名学生。在如此众多的学生中，师生之间进行情感交流的机会很少，并且不可能形成亲密关系。而且，师生的地位不平等，其原因是：首先，大学里仍然有许多传统的“大课”。在“大课”中，教师是主要角色，学生只是扮演被动角色。其次，中国自古以来就尊敬老师。经过多年反复的教育和强调，学生习惯了沉默和服从，习惯了听取教师的讲解并自行安静地思考。即使教师在课堂上安排互动性活动，有时也很难调动学生参与的热情。

学生对教师权威的传统认识使在英语课堂上建立平等、和谐和平衡的师生关系变得困难。长期的人际关系失衡不仅使学生难以提高他们的综合英语能力，而且还会影响教师成长的。本来学生是可以促进教师的成长，因为教师可以在教育学生的过程中找到自己存在的问题。这就是所谓的“教学一体”。在生态化的英语课堂上，教师的所有教学活动都是为了促进学生的成长和发展，他们还可以通过教学实践获得经验，吸收工作所需的营养，实现更好的发展。教师教学水平的提高，可以为学生提供更好的指导，从而建立起良性循环，为学生创造更好的课堂生态环境。但是，在现阶段，大学还没有为教师提供足够的素养培训，师生的成长还没有跟上信息技术的发展步伐，这使得实现师生共生更加困难。

此外，学生与教师之间存在分歧，主要是因为一些教师和学生对大学英语教育中的信息化有不同的理解和看法，因此对教与学持不同的态度。有些人会积极支持并参与教育改革，而有一些人会抵制而不参与教育改革。

（2）教师与信息技术的失谐。教师的任务是发现知识，转化知识，然后以信息的形式向学生传授知识，并同时向学生传授他们的智慧。信息技术可以在这个过程中充当媒介。信息技术能够使这些信息尽可能完整，以便教师与学生进行更为直接顺畅的沟通，避免信息丢失和衰减，并协助教师执行将知识传递给学生的任务，增强学生的综合能力。从理论上讲，在这一过程中师生之间的互动应该和谐一致。但是，目前这种和谐的关系在大学的师生中很少见，主要问题有以下几点。

第一，大学教师对信息技术的认识及应用水平有待提高。许多教师仍无法熟练使用现代信息技术。大学英语教育的信息化改革引起了各方的关注，许多学校投入大量资金购买先进设备、建设多媒体教室等。信息化教育改革的迅速发展，对大学教师提出了新的要求。特别是对年纪较大的教师，他们由于学习新技能和新教学方法相对困难而下意识地抵制学习新知识。虽然教育界一直在强调高校教师应努力提高信息化教育水平，但实际上存在不少障碍。近年来，这种情况有所改善，但是我国大学的信息化教育改革已经进行了很多年，改革的成果尚未达到预期。这是因为大学的一些管理人员和教师没有及时改变教育观念，不能适应新的教育改革形势，改革态度仍然消极，信息化水平没有明显提高。正是由于这些问题，教师无法与课堂环境进行有效互动。

第二，一些教师主张的传统教育理念与生态课堂主张的教育理论相矛盾。

生态课堂理论要求学生成为教育的中心，要求师生之间经常和频繁地互动，教师带领学生积极地参与课堂互动活动，而学生通过努力来实现创新，完成学习。生态课堂鼓励学生探索知识并发现新问题。然而，在现实的大学英语课堂中，教师仍然在教育活动中占据中心位置，不注意网络资源的使用，没有很好地使用多媒体教学方法，并且不愿组织学生在教室中进行大量的语言练习。在互动方面，大学英语课堂仍然与过去相同，还没有根据实际需要通过课堂将师生组织成一个联合的整体。

第三，有些教师对信息化教学过于依赖，而有些教师则对信息化教学表示反对和不信任。实际上，基于信息技术的教育方式与其他教育方式一样，具有不可忽视的优点和缺点。一些教师认为学生应该有独立学习的意识和能力。他们将所有责任归咎于互联网，认为是互联网的大量使用造成了学生的懒惰。有些教师甚至不知道如何使用多媒体课件。还有一些教师则严重依赖互联网，在课堂教学中，整个课程成了逐页翻 PPT 的过程。也许这种多媒体应用可以帮助学生获得更多的知识，但是并没有考虑到他们是否可以接受、吸收和消化这些知识。

（3）学生与信息技术的失谐。在课堂生态学中，学生的主要身份是知识的消费者和分解者，他们从教师和其他信息来源那里获取信息，进行消化和吸收，最后以社会实践的形式将他们的智慧反映到社会中。在课堂生态系统中，信息技术充当了一种将信息和能量最大化传递并有助于师生建立和谐关系的媒介。当前，大学英语课堂教学中学生与信息技术之间仍然存在不和谐的现象，主要有以下两个方面。

首先，现代信息技术的广泛使用与某些学生的低信息技术技能之间存在矛盾。一些学生在现代信息技术方面没有相应的能力。大学英语是国家教育部门所重视的一门重要课程，应该成为教学改革的典范。虽然大学应该站在教育改革的最前沿，但是出于学生不熟悉或不理解的原因，仍然有许多大学生对在线学习不感兴趣。这些学生可能会通过各种手段伪造在线学习记录，严重干扰了教师对在线教育的评估。现代信息技术根本无法对这些学生的学习发挥必要的辅助作用，学生与课堂生态环境之间的互动无法正常进行，整个教育体系也处于失衡状态。

其次，学生的学习观念仍然过时，学习方法仍然传统，这与现代信息技术的发展背道而驰。行业中的一些学者认为，在英语教学改革中计算机的使用处于整体落后的状态，学生和教师的观念已成为造成这种落后的重要因素。

通过对现代教育的概念进行分析可以看出，现代教育非常重视培养学生的综合能力，鼓励学生根据自己的意愿积极独立地探索新知识。根据这个概念，网络教育是最合适的教学方法，因为它具有非常丰富的学习资源和非常强的传输能力。但是，在实际的大学英语学习中，一些学生仍然对在线学习持非常消极的态度，产生这种现象的原因是他们认为互联网上缺乏资源，信息不多。但广大教育工作者应该相信，这只是因为学生没有找到资源而已，并不代表信息化教学的无效，不能因为表面上的一些原因，就放弃引导学生利用互联网和多媒体进行学习。

（4）教学模式与信息技术的失谐。教学模式是指遵循特定教学理论的逻辑并满足特定教学目标的相对稳定的教学活动结构。它是教学方法、过程和途径的结合，通常用来实施特定的教学概念，并帮助教师根据特定计划设计课程、组织教材等教学内容和指导课堂教学。在教育中采用哪种教学模式，对“教学”和“学习”的全过程都具有非常重要的影响。英语教学中信息技术的应用实现了学习者进行重复性语言训练的愿望，特别是听力和口语练习，网络和多媒体技术可以为学习者提供生动直观的学习材料，如音频和视频。因为这种特点，基于信息技术的英语教育模式受到广泛关注。然而，在现阶段的大学英语教育中，教学模式与信息技术之间仍然存在不兼容的问题。其主要原因有以下几点。

首先，部分教师在信息技术环境中使用传统的教育模式。尽管大多数学校了解进行在线教育的重要性和必要性，也已经购买了许多现代教育设施并建立了多媒体教室，拥有一流的网络学习环境，但是许多进行实践教学的教师仍然没有根据现有的教学模型有效地调整其教学方法，没有指导学生在网络环境中独立学习，也没有让学生在互联网上探索知识，学生甚至没有运用信息技术独立完成学习任务的机会。换句话说，教师仍在使用传统的教学方法。学生使用计算机学习的内容实际上是教材的在线版本，而信息技术的真正作用尚未体现出来。这种教学方法表面上是创新的，但实际上是换汤不换药。学生的学习内容和学习模式没有太大变化，学生在不使用计算机或不利用互联网的情况下，还是这些学习内容和学习方法。因此，这不是真正的信息化教学，也不存在师生双方与信息技术的充分互动。

其次，一些学校实际上已经形成了基于信息技术的教育模式，但是由于某些特定的原因，信息技术的优势仍然没有得到体现。第一，学生，因为没有足够的能力使用互联网进行独立学习，可能无法获得预期的结果。第二，教师采用的教学方法不合适，学生得不到及时的指导，或教师不能通过互联网有效地监督学生的学习，与学生缺乏必要的情感互动，大大降低了计算机网络教育的效率。第三，信息化很难避免教育本身的局限性。

网络教学应以计算机作为教学工具来实施。在大多数大学中，信息化教学是通过计算机来完成的。但是，网络的关键作用尚未在这种教育模式中得到充分证明。学校和教师仅是单纯地使用计算机，而不是从教育的视角对计算机和互联网进行深入的实践研究。自主学习作为课堂教学的补充，不能很好地将课堂教学与网络教学联系起来。这种方法的结果是，现代信息技术与课堂教育之间的关系被人为地割裂了，它们之间的相互作用也被打破了，这种教育方式并没有反映出现代建构主义的学习观。

（5）教材与信息技术的失谐。信息技术和教材是课堂生态系统中教学信息的不同媒介，两者都是教师用来传授知识的工具。由于它们具有相同的职责，因此彼此之间存在一种竞争的关系。为了避免竞争的过于激烈，导致其中一方完全失效从而错过很多关键性的细节知识，教材和信息技术应根据各自的优势错开发展方向，以便彼此互补，形成良好的相互关系，并使课堂生态系统的教学内容更具立体感。

但是，实际情况并不理想。许多英语教育平台的学习内容并未包括或扩展到教材的在线版本，并且缺乏相关的专业知识拓展。一些教育平台的设计存在明显的缺陷，并且平台上的教育材料与信息技术不太吻合。

另一个问题是，教材一直被认为是学生和教师可以使用的唯一教育资源媒介，而学生学习知识的渠道仅限于教材。在这种习惯下，教材成为课堂的中心。但教材的内容固定且有限，专门针对教材的教学方法已经过时。现代信息技术在单纯依赖教材的教学模式下没有什么发挥作用的空间。此时，教材和信息技术不仅不能彼此互补，还会形成激烈的竞争关系，两者之间相互排斥。假如电子化教材完全代替了纸质教材，信息技术在竞争中完全获胜，但实际上与过去没有区别，学生得到的知识内容根本没有变化。

（6）教室布局与信息技术的失谐。教室布局指教室的物理环境，包括照明设计、座位布局、黑板位置、墙壁颜色等。这些环境因素与信息技术之间存在互动和相互依存的关系。例如，大多数多媒体教室都安装了投影仪，屏幕的颜色和演讲的内容应该匹配，并且教室的灯光应该合适，以便学生可以清楚地看到屏幕上的内容。教师有时需要其他人的配合才能在网络上播放教育视频。因此，信息技术还需要教室中其他欢迎要素的配合，这些要素要发挥适当的作用，与教室之间能进行有效的互动。

西方教育界曾一度热衷于研究学生座位与他们的课堂表现之间的关系。教育生态学认为，英语学习是学生的知识和积累的经验与外部客观因素相互作用的过程。在这一过程中，现代信息技术应在课堂教学中发挥其便捷化优势。许多英语教师致力于使课堂气氛生动活泼，经常使用视频对学生进行口头指导，并在学生观看视频后指导学生分组讨论。不过，传统的教室座位排布很难让学生展开有效讨论，为了让讨论分组合理，学生可能需要大范围地调整座位，否则学生就无法直接交流。所以，座位的安排应该更加合理，尤其是在学生进行特殊学习（如口语练习）时，要考虑到学生之间是否存在影响和干扰。目前我国教室的座椅通常是垂直和水平排列的，很少有老师将学生的座椅布置成环形、马蹄形或矩形。传统的座位安排不利于学生进行有效的口语练习，现代信息技术的功能也受到影响。

（7）教学内容与信息技术的失谐。通过生态课堂系统传达的信息就是教师要向学生讲授的内容，该信息在该系统的各个生态主体之间流通，传播媒介是教材和互联网。教学内容可以连接各种生态要素。例如，教学内容可以被看作是要运输的物品。教师是发货人，学生是收货人，信息技术就像运输货物的卡车，教材是运输货物的平板拖车，网络就像供车辆行驶的高速公路。所有这些环节都必须发挥作用，以完成运输操作。如果物品在运输过程中突然增加，收货人将会更开心。除运输的货物能让对方产生愉悦，收货人的问候也会使双方的心更加紧密。但是，目前大学英语课堂生态系统仍然存在信息技术与教育内容不一致的问题。

传统教材传递的信息量有限，但是现代信息技术具有非常强大的功能。它具有多种信息传递方式，有更生动的图像、更快的速度和更直观的表达，因此教师需要确定所需的信息量、调整信息的类型，然后为学生分配合适的网络自学作业。但是，在实际的课程中，仍然有一些教师完全依靠教材，并且习惯于从教材上确定全部的教学内容，这当然不会取得良好的教育效果。教师必须运用自己的智慧综合运用各种类型的教学资源，以构建最合适的教学资源集合。教师可以合理地使用教材来进行教学，也可以通过处理和选择教学资源来使课程更加合理。教师应着重培养学生的自我学习意识和能力，并通过各种教育活动来提高他们发现知识和创新知识的能力。但是，实际的教学情况并不理想，教师在发展学生能力的过程中还没有充分利用信息技术，教学方法仍然很单一。

（8）教学评估与信息技术的失谐。教学评估是大学英语课堂教学的重要组成部分。如果教学评估是合理、有效和科学的，它将为教师和学生提供大量的反馈信息，以使他们每个人都能充分了解自己的教育活动效果并及时调整。尽管信息技术被引入大学英语课堂生态系统，但实际上，许多学校无法通过现代信息技术建立多元化的评估体系，因此现代信息技术的使用与传统的单一评估方法之间仍然没有融合起来，联系尚不紧密。

传统的教学方法无法解决的一些问题，特别是在记录学生学习情况方面，常常用现代信息技术解决。过去，教师只能将学生的出勤和作业完成情况记录下来作为对他们学习过程的记录；而有些信息记录的工作量相对较高，再加上有的教师没有那么细心去保留这些情况的详细记录，因此对大学生的学术评价没有引起足够的重视，也不能客观且详细地反映学生在学校的学习成果。将信息技术引入教学过程时，必须解决这些问题。网络软件可以详细记录学生的整个学习过程。记录的内容包括学生何时上网、何时离开互联网以及何时搜索了哪些学习内容。通过参考相关数据，例如学生在特定网页上花费的时间长度以及做练习题时的正确率，教师可以轻松而准确地了解学生的特定学习情况，并且获得的反馈信息也非常有价值，教师可以根据反馈信息及时调整他们的教育计划。这样的网络平台可以实现学生自我评估、同学互评和教师评估，从而产生多种评估方法。但是，实际上没有多少学校使用互联网来评估学生，并且学生评估机制并不健全。原因是评估系统的设计仍存在缺陷，教师暂时难以改变自己的评估习惯，以及不同学校之间进行的评估有所不同。结果就是，在评估方面，信息技术的强大功能尚未得到充分利用。

（9）教学管理与信息技术的失谐。教学管理是指根据教学规律和特点，对教学过程进行全面管理，以达到教学目的。教学管理可以分为几个阶段，这里提到的教学管理主要是指两个层次的管理：课堂教学中的系统内部管理，及课堂生态系统的外部管理。在基于信息技术的大学英语课堂生态中，应该从两个方面揭示教学管理与信息技术之间的和谐互动：①教学管理有助于信息技术在教学生态系统中充分发挥其功能。②信息技术有助于改善教学的可管理性。信息技术和教学管理能够互相强化。相反，如果两者不能相互促进，则说明信息技术与教学管理的结合是失败的。

不和谐现象普遍存在，阻碍了英语教育的信息化进程，不利于教育改革的发展。首先，当前的教学管理系统无助于在课堂中推广信息技术。以教师工作量统计为例。当前，大多数大学还没有针对教师在线教育事务的统计标准和管理系统。长期以来，一些教师将很多时间和精力花在了无法识别的互联网教育活动上。劳动量无法合理计算，极大地限制了教师的工作积极性。此外，大多数大学对在线学习有明确的规定，例如每周需要进行多少小时的在线学习，在线学习期间应有哪些纪律要求，对学习效果有哪些奖励或惩罚措施，对学生的综合评价中网络学习占有什么样的比率，等等。少数大学虽然已经做出了系统化的规范，但实施效果不理想，因此学生的在线学习很容易形式化，不会达到预期的效果。其次，信息技术在教学管理过程中的应用水平仍然较低。有专家指出，英语教学管理实际上是现代管理的综合应用，其中包括五项技能：指挥、组织、控制、计划和协调。但是，在现阶段我国大学英语教育并未在所有管理环节中充分利用信息技术，信息技术在学习系统中没有得到更多的体现和使用。信息技术在管理过程中的应用很小，同时部分学校和教师也并不热衷于使用这种信息管理方法，因为其设计水平不能满足要求并且功能还不完善。

2. 系统内部营养结构的失衡

根据营养结构进行分析，在传统的课堂生态中，教师是生产者，他们的责任是转换从外界收集的信息，并根据自己的经验和智慧创造适合传播的知识，再通过自己的讲解将这些知识传递给学生。在课堂生态系统中，学生必须消费并分解知识，将这些知识转化为自己的智力，并将其用作服务社会和服务他人的工具。课堂的生态环境始终会影响信息和能量的流动。随着英语教学活动中越来越多地使用信息技术，学生获得知识的渠道变得越来越多样化，不再局限于教材和教师。当前的多媒体和互联网不仅为学生提供了获取信息的快捷渠道，而且还带来了更多的信息，丰富了学生的知识来源。在现代化的课堂生态系统中，主体之间的相互作用各不相同。教师与学生，学生与学生以及教师与教师之间都可以紧密互动，因此教师可以吸收知识，学生则可以提高知识生产力以产生知识。因此，在现代化的生态课堂中，每个人都有多种身份，老师和学生都可以成为知识生产者、知识消费者和知识分解者。

如果这个生态系统在营养上不平衡，那么教师和学生的角色将是混乱的。由于教师作为讲解者的生态角色始终处于主要地位，就会限制自己消费知识并分解知识。如果这种情况持续很长时间，将不可避免地给师生带来不利影响。

在信息化过程中，系统内部营养结构的失衡表现为输入与输出之间的失衡。

（1）输入与输出方法的失衡。其一大表现是教师滥用教育媒体。例如，在课堂教学中，教师使用多媒体方法来教一些不需要多媒体教学且与实际需要没有紧密关联的知识内容。学生的学习时间充斥着大量的视频和音频，没有了想象空间，不利于培养学生的知识构建能力。因此，在教学过程中最好不要使用太多的多媒体方法。

（2）输入和输出内容的失衡。在当今的许多大学中，英语课堂内容已直接演变为测试内容。教师仍然持通过测试来驱动教学的理念，并且教学内容和教学方法的选择是基于测试的标准，尤其是针对大学英语四、六级而开展的教学。教师专注于在课堂上讲解这些考试的试卷，教会学生解题的技巧。学生则机械地记住考试所需的词汇和语法，实际的语言训练机会很少，因此许多大学生缺乏综合语言技能。这种情况也表现在以下事实上：教师花费大量精力来培养学生的输入技能，而忽略了对学生输出技能的培养。在知识和情感的重要性方面，教师更加注重课堂上的教与学，而不是与学生进行情感交流。实际上，情感交流是否良好，将直接影响学生的学习动机和学习态度。营造良好的课堂氛围和建立良好的师生关系，都有赖于师生之间顺畅有效的情感交流。

（二）功能上的失调

功能内置于每个系统中。系统是一个整体，而整体中的各个元素在创建功能时具有相互关系，彼此交互，相互制约。课堂生态学可以优化整体结构，协调各种关系，促进学习过程，通过生态学的理念来推动教育活动。但是，这些功能也会减弱或有欠缺，并且在实际教学过程中出现不平衡现象。

1. 结构优化功能的减弱

系统与集合不同。集合只是一组分散的人或事物，但是在将某些元素组合到系统中之后，每个元素都进行交互，彼此约束。这些元素之间的相互作用力使每个元素不断地自我调节，最终每个元素达到一定的质量和数量，与其他系统组件和谐共存，从而使整个系统进入相对稳定和相对平衡的状态。自然地，多样化的生态系统具有自我组织的能力，并最终使系统达到自然的平衡状态，但是整个过程将非常缓慢。在社会生态系统中，由于生态主体具有较强的主动性，因此通常会使系统快速恢复平衡状态，但系统的结构优化功能在平衡之后会被大大削弱。

从系统结构来看，在大学英语课堂信息技术发展的过程中，系统的结构优化功能已经减弱。在对大学课堂实行信息技术改革之前，大学英语的课堂生态仍然相对平衡和稳定，而随着现代信息技术在大学英语教学中的广泛应用，这种平衡被打破。在课堂环境的各种因素中，信息技术已迅速占据主导地位，并且其在该系统中的作用大大超出了系统的自我修复能力，不断改变其他因素。课堂生态系统各组成部分之间的比例仍然不协调，系统的自我修复能力大大减弱。

2. 关系协调功能的减弱

分析表明，大学英语课堂生态系统的协调功能也被削弱。可以从三个方面解释这种失谐的关系：第一，传统的教育观念与现代的教育改革观念并不一致。许多教育管理者、学生和老师都熟悉以往的教学概念、学习概念和价值观。现有的教学理念还没有改变他们的认知。很多教师不是很擅长在教学中进行互动，也不习惯采用基于研究的学习方法。由此，产生了各种矛盾。教师对学生不满意，学生对教师也不满意；学生对教室环境不满意，教师对教室环境更不满意。在基于信息技术的教育改革初期，学生不认同某些教师的教学方法，改革初期造成了“教”与“学”的混乱状况。第二，改革的快速进展与现实的缓慢发展之间的差异。这种由上而下推行的英语教育信息化改革力度大，范围广。教育部门和实际的教学改革者对师生使用信息技术的能力提出了很高的要求，但实际上有很多原因使得师生使用信息技术的能力不能完全达到相关要求。理想和现实之间存在巨大差异。例如，改革要求学生具有较强的独立学习能力，但实际上大多数学生都无法完全做到这一点。此外，改革要求教师具有较高的信息技术素养和对实施基于信息技术的教学活动的热情，事实上，许多教师尚未达到此种标准。改革要求设计科学而完善的在线教育系统，但是在线教育系统的实际情况还没有完全达到科学完善的标准。改革还提出要合理选择教材中的内容，将教材内容与其他教学资源更加合理地整合编辑在一起，然后采用科学的教学方法，但实际上很多教师并没有完全按照上述标准来应用大学英语教材。第三，教学输入与输出之间的失调。学校投入了大量的财力和物力来购买最先进的设施和设备，并投入了大量的精力进行教学改革，但改革的实际效果并不与投资成正比。从学生的角度来看，在教室或通过互联网学习英语时，学生投入的时间和精力与语言技能的整体提高幅度不匹配。

但是，应该指出的是，上述失谐现象不会同时发生，并且在学校或教室生态系统中不会同时发生。这些不和谐现象已经或正在某些学校中发生，并且其他学校将来也可能会遇到这些不和谐现象。时至今日，这些失谐问题尚无法通过系统的自我修复功能加以纠正。

3. 演化促进功能的减弱

生态系统的几个功能必须相互补充，这些功能包括优化结构的功能、协调关系的功能以及促进进化的功能。只有优化结构，其他关系才能保持协调，系统的运行才能顺利进行。因此，系统顺利运行的前提是优化结构并保持各部分之间的协调关系。从营养结构的角度进行分析时，应通过系统的三个主要营养功能来支持系统的优化。该系统的三个营养功能是能量流、信息交换和物质循环。这三种营养功能也存在于课堂生态系统中。

尽管大学英语课的教学改革已经进行了很多年，但该系统仍然难以保持平衡，并且由于该生态系统的关系和结构仍然缺乏协调性，因此难以实现系统的发展性运行。从营养结构角度进行分析，各种不一致的关系阻碍了师生之间的互动；当互动减少时，系统的容量减少，内部动量减少。来自外部的一些物料很难在系统内循环，并且系统仍然长期处于不平衡状态。因此，只有解决系统内部的驱动问题，系统的发展才能顺利进行。

4. 生态育人功能的欠缺

生态系统最重要的功能是提高系统的实际生产率。课堂教学也是一个生态系统，其主要功能是培养社会所需的人力资源，大学英语课则是培养社会所需的英语人力资源。推进大学英语教育信息化改革，旨在提高大学生态英语课堂的信息化水平，培养更多具有较高综合语言能力的人才，并弥补传统大学英语教育的不足。确保大学生不再成为“哑巴英语”的讽刺对象，也不再被视为高分低能的群体。近年来，“哑巴英语”的现象有所好转，但系统尚未调整到平衡状态。

二、大学英语课堂生态空间重构

在相对平衡的生态系统中，物种可以达到最大和最合适的数量并相互适应，每个物种都在系统中正常生长和发育。大学教室是微生态教育空间，必须允许各生态元素相互作用以最大化其功效，使得学生保持多样化和个性化的发展。此外，教师与学生可以相互学习，形成一个良好的生态空间，使师生可以共生共长。因此，为了建立教育生态空间，有效控制教育生态系统的制约因素、调整生态因素的生态位、避免教育中的“花盆效应”、重新组织互动对话的生态交流，是必须要做到的。教师需要保持教学效率，优化教学效果。教育生态因素的生态位协调可以从三个方面构建：

1. 调整课堂空间尺度，保持最适密度原则

本质上，所有物种形成一个空间生态系统，在特定时期内，该生态系统中相同或不同物种相互依存，相互制约。在某些条件下，当空间中的人口数量处于中间状态时，人口增长最快，这称为最适密度原则，也称为阿里氏原理。一切生态中的密度都可以被称为对这一原则的概括，而教育同样如此。当一名大学老师在面对几个学生，与面对数十、数百的学生时的感受是完全不相同的，因此，在课堂教学空间密度控制上，要保持适度原则，以教室空间来调整学生数量。以英语教室为例，英语主要是通过口语进行教与学，教室空间过大或过小均会影响学生的学习动机与效能，一般而言，学生数量控制在 20 人左右为宜。但是，目前大多数大学的入学人数饱和，致使教室空间密度过大，出现了空间生态失衡的情况。为此，在现有系统的约束下，教师可以根据自己的专业特点，通过调整教室的空间格局来平衡教室空间的生态。

但是，传统的空间安排比较拥挤，不平衡，师生之间的空间距离难以摆脱互相影响的难题，更难提供合适的讨论空间，不利于交流。当人数基本相同时，合理安排课堂空间尺度，营造一个合适的密度环境，可塑造一个更为通畅、和谐的学习空间。师生互动的不平衡相对较小，良好的师生互动效果自然会产生一个良好的学习效果，从而反映出一个较好的课堂精神空间。因此，教师应通过座位安排、设备选择、不同的视听教学方法，根据课程的性质和学生的情况适当调整教室的空间格局，以形成合理的空间生态。这是一个课堂空间教育活动的动态调整过程。通过不断地协调和变化，师生之间的交流和互动变得顺畅，师生之间的和谐关系得以发展，教学效果的最大化得以实现。

2. 打破课堂“花盆效应”，形成“活水效应”

课堂生态空间建设应是一个不断与外界进行物质与能量交换的、平衡的、具有开放性的生态空间，从而为生态因子、生态系统的良性循环提供指引。而课堂“活水效应”是指对生态因子进行持续性优化以保持生态系统的动态

平衡的现象。在英语教育生态系统之中，活水效应不仅可以避免“花盆效应”所产生的封闭式小循环传统教学模式，还可以消除静态失衡。在高校中，“活水效应”的形成是基于校内良好的横向、纵向管理机制，同时在为学生提供最佳的外部空间环境时，教师还应通过多元化渠道探寻高校基本生态位。在不受其他竞争因素的限制下，可以尽可能地占据最大生态位。主要包括两个方面：学校自身所处的生态环境以及包括自然环境和社会环境等在内的学校所需的生态环境。从小的角度来看，首先，高校教师应随时代的进步不断获取新型教育理念，从外部获取更多能量，从而达到重塑自身教育理念的目的。这同样也是“活水效应”建立之前提条件。只有教师的个人综合能力与核心素养不断得到提升，进而不断提供“活水”，才能使“活水效应”稳步扎根。其次，大学教师必须学习掌握现代信息技术。对传统教育而言，信息技术的引入对其产生了巨大的冲击。但是，教师不能过分依赖信息技术，而应在信息技术的辅助下，融入其他课堂元素，使其形成一系列连锁反应，从而促进“活水效应”的实现。除此之外，高校英语教师还应在不断适应新的英语课堂教学环境的同时，积极创建新型的教学环境，并在其中反映出自己在课堂中的各种角色。举例来说明，高校英语教师不仅应采用示范、评估、词汇教学、语法教学等方式来有效地教育学生，而且还应作为开发者和促进者来创设语言学习空间环境，还原语言和文化场景，帮助学生实现语言能力的整合。这样才能将学习置于“自然生态”的空间环境中。

3. 调整课堂空间行为，形成对话机制

传统的生态学理念认为，生态效应应是在所处空间范围内均匀分布的，但就近期研究结果显示，在一个特定的空间范围内，空间中物种的丰富程度与空间异质性有密切关联，并且空间异质性与物种丰富度呈正相关。从教育学角度来说，上述所讲的“空间异质性”则表现为学生个性化发展，而这个看似简单的事实是目前教育工作中的“瓶颈”。学生往往是同质的，缺乏创造力，这个难题必须首先从微观层面——课堂教学开始解决。在中学阶段，由于高考的压力，学生的异质性和创造力被极大地压制了。因此，大学课堂成为学生与社会建立联系的通道，应该让学生重新发现自己的潜力并重组其个性。因此，对学生来说，在课堂上交流尤为重要。高校教师必须改变教师“讲解”和学生“接受”的传统教学空间行为，以形成巴赫金式的大学课堂对话机制。巴赫金式的大学课堂对话机制不仅是语言的交流机制，而且是在平等的意识与意义之间发生的一种互动形式。显然，这是一种异质对话，能够产生“回声”效果。在该效果中，老师和学生是在以不同的音调来阐述同一主题。教师的任务是确保交流是动态的，保证不同声音之间的平衡。在这种对话机制中，学生可以说出自己的想法，获得自己想法的反馈。在同一生态环境下，教师与学生的教学空间行为也是相同的，均是生态教学模式中具有独立意义的主体，从而避免传统教学模式中主体与客体间的对抗问题。在生态化课堂教学中，学生可以自由地表达观点，使课堂空间更为和谐与平衡，从而形成新的英语课堂生态空间。

生态平衡既可以是动态平衡，也可以是相对平衡。在高校教育教学生态体系中，教室作为教育生态系统中的一个微观空间，归属于人工生态空间系统。基于此，需要不断对该空间行为与格局进行调整，以满足该生态空间维持生态平衡的实际要求，并将其与特定的课堂环境元素结合起来，以形成空间中的行为者可用的资源，产生教育价值。教育生态系统能够发挥的作用类似于“蝴蝶效应”，也就是激发出连锁反应。微型生态的不平衡将导致整个教育教学生态系统的失衡，从而使系统内产生各种矛盾。因此，应从微型教育生态着手，探寻出其造成失衡现象的根本原因，对教育空间进行生态平衡重构，从而推动整个教育生态系统整体运作的良性发展。

第三章　基于教育生态化的英语教育教学的理论支持

针对大学英语课堂的生态学研究包括生态学的基本概念和理论，系统科学以及相关的英语教育理论。以下是对大学英语教学生态模式的相关支持理论的描述。

第一节　生态教育理论

英语生态教学模式认为英语教学植根于中国社会文化语言生态环境，母语为汉语的英语学习者在以英语语言知识为载体，以英语教师为引导，在理解和接受英语语言异域文化的基础上，构建英语语言概念体系，培养英语为母语使用者语言与思维“天人合一”的思维方式，促进学习者主体开展全面发展的动态、统一、和谐、平衡与循环的互动交往活动。

始于19世纪的工业革命开创了人类历史的新纪元，带领整个社会突飞猛进地向前发展。然而，经历了三次工业革命的人类，在享受着科学技术为生活所带来的便捷和舒适的同时也发现了许多始料未及的现象：水土流失有增无减，田畴变成了荒漠，垃圾包围着城镇，全球气候逐年变暖，南极上空臭氧层空洞变大。“我们不要过分陶醉于我们人类对自然界的胜利。对于每一次这样的胜利，自然界都对我们进行报复。”恩格斯在《自然辩证法》里叙述的这句话最终得到了应验。

走进21世纪，面对出现的重重生态危机，人类已经开始思考：如何在开发、利用自然资源的同时保护好自然与环境，争取呈现在大家面前的是天人合一、和谐发展的生态友好型社会。退耕还林、节能减排、低碳生活等措施已陆续被众多国家提倡并实施。在教育教学领域，越来越多的国家和地区逐渐开始采纳并推广生态教育的理念，生态教育应运而生。生态教育是一种新的教育思想，同时也是一种新型的教育方式和途径。它包括生态道德教育、生态行为教育、生态文化教育等诸多内容。宗旨是实现可持续发展和创建生态文明社会。一言以蔽之，生态教育就是将生态学原则渗透到人类的全部活动范围中，最优化地处理人与自然的关系。在此从教育生态学、生态教育和生命教育等三个角度，介绍它们的发展变化和相关理论。

一、教育生态学

教育生态学是教育学与生态学相互交叉而形成的一门边缘学科。它融合了教育学与生态学的相关理论和研究方法。当然，作为一门独立存在的学科，教育生态学不可能仅仅是教育学和生态学两门学科的简单叠加，它有自己的研究对象和任务，以及基本原理和方法。

（一）教育生态学的基本理论

我国的教育生态学研究起步较晚，20 世纪 80 年代才稍有起色，其中台湾地区 1989 年出版了李聪明所著的《教育生态学导论——教育问题的生态学思考》，是一个具有代表性的研究成果。1990 年江苏教育出版社出版了由吴鼎福、诸文蔚合著的《教育生态学》一书，这也是大陆地区第一部全面研究介绍教育生态学理论的专著。时至今日，比较有代表性的成果还有任凯、白燕所著的《教育生态学》，范国睿所著的《教育生态学》。不同学者的研究角度不同、研究的侧重点也不尽相同，有的侧重从教育学角度入手，有的则以生态学理论原理为基础来探讨教育学相关问题。巧然无论研究角度和方法有多大不同，教育生态学里面的一些基本理论无外乎以下几点。

1. 教育生态学的定义

教育生态学是依据生态学的原理，研究各种教育现象及其成因，进而掌握教育发展的规律，揭示教育的发展趋势和方向。概括地说，教育生态学是研究教育与其周围生态环境之间相互作用的规律和机理的一门学科。

这里所提到的周围生态环境肯定包括自然环境、社会环境、规范环境等在内的综合环境，即我们所说的教育的复合生态环境。自然环境又可称为物理环境，社会环境又可称为结构环境，规范环境又可称为价值环境，它们又包含气候、温度、氛围、人口、文化、经济、教育资源等环境要素，这些要素我们统称为环境生态因子。学者们研究较多的也是从各个生态因子入手，探讨不同的生态因子与教育的关系和它们对于教育的影响、作用。目前较为成熟的成果和观点集中在人口、文化、教育资源、学校分布、班级环境等因素与教育生态的关系上。

2. 有研究者总结出教育生态学的几大基本原理

（1）限制因子定律：影响教育发展的因素有很多种，教师的水平和素质、学生的身体素质、班级氛围等，也就是我们上文提到的生态因子。每个生态因子在一个确定的生态系统中都有一个范围阈值与之相适应，不能超标，也不能低于某一个下限值，否则都会影响整个系统的发展。这就是限制因子定律。在教育生态学里，最重要的限制因子是能量流和信息流。人作为具有主观能动性的生物，精神的力量可以部分地转化为能量和物质，这不仅对限制因子的作用具有适应机制，而且可以主动地创造条件，积极反馈调节，变限制因子为非限制因子。

（2）耐度定律和最适度原则：生态因子对于教育生态中的核心要素——人的刺激和作用有最小值、最大值和最适度值。人们认为生物体对于某一生态因子可能只有很窄的忍耐范围。这个范围就被称为“度”，达不到或者超过这个度，就会产生不利的或者相反的影响。教育的群体生态系统更要符合耐度定律，将各要素控制在一定的范围之内。当然如果能达到“最适度”即为最好，在这个最大值、最小值的度中，有个最适度值。最适度的“度”即为生态因子质和量的统一，这也是教育生态因子的影响力和受教育者的承受力之间彼此作用、协调发展的结果。教育和教学都要贯彻好最适度原则。

（3）花盆效应：又可以称为“局部生境效应”，长在花盆里的花虽然在主人的精心照顾之下开放得异常美丽，但如果失去了照顾、没有了人工创造的优良的环境条件，就会忍受不住高温和严寒的考验，用一句话形象地概括即为温室里的花朵禁不起外面的风吹雨打。类比到教育生态学里，尤其是在家长和儿童的亲和关系里，这种现象表现得尤为突出。一种现象是人为地限制局部生境，另一种则是人为地制造局部生境。花盆效应就是提醒人们要彻底摒弃封闭式教育，要建立一个具有开放性的生态教育系统，让师生们接触自然、了解社会。

（4）教育生态位原理：在生态学里，生态位主要是指生物群落外部和内部关系的基础。在教育生态学里面，处于同一生态位的群体之间会产生相互竞争，要运用生态位原理处理好竞争中出现的问题以及教育系统外部资源开发和利用的问题。

此外，研究较多的还有教育生态的整体效应、边缘效应、教育生态链法则、群体动力和教育节律等基本原理。

3. 教育生态的基本规律

（1）迁移和潜移规律。通过信息传递，实现迁移和潜移，建立起多种神经联系。

（2）富集与降衰规律。在教育教学中主要是指能量流、信息流、物质流的富集和降衰，富集对于个体、群体以及生态系统的发展是至关重要的，同时也要适时进行强化，防止降衰的发生。

（3）教育生态的平衡与失调。这主要表现在教育结构上，比如各年级学生的构成比例、各类学校的构成比例以及学校内部的师生比例、德智体美劳教育的关系、课程结构设置等方面的平衡和失调。还会表现在教育功能上，如能量流、物质流和信息流的输入和输出，教育效能的平衡与失调。

（4）竞争机制与协同进化。教育生态系统内部以及各个大型的教育生态系统之间都存在着竞争，有良性竞争和恶性竞争，竞争的结果必然是优胜劣汰。随着竞争的日益激烈，相互负作用逐渐减弱，相互正作用逐渐增强，协同进化的现象随之产生。

（5）教育生态的良性循环。良性循环对于保持生态系统的稳定、维持生态平衡，起着至关重要的作用。在教育生态系统中，人才流、物质流和能量流也有着自己的良性循环机制。

4. 教育生态的基本功能

任何一门科学的产生和发展都有其功能，功能又可分为内在的功能和向外延伸的功能。在教育生态学里我们认为教育生态的功能可归纳为内在功能和外在功能。

（1）教育生态的内在功能。在教育生态系统内部，人是核心要素，内部功能也就体现在“育才”上。一方面向受教育者传授生产劳动的经验，使其具备基本知识和基本能力，为社会生产服务；另一方面还向受教育者传授社会生活经验，使其了解并遵守一定的道德标准和行为规范。此外，随着教育教学的进一步发展，创造和发展科学、技术和文化的重要性也日益凸显，同时向外部社会直接输出智力的功能也逐渐占据显要地位。

（2）教育生态的外在功能。向外延伸的话就是对于社会发展贡献方面的功能。社会的发展无非就是政治、经济、科技和文化方面的进步。教育生态的外在功能也就体现在这四个方面。在政治方面，教育体现的是服务功能。中国教育培养的是社会主义事业的接班人，这就要为社会主义现代化建设服务。在经济方面，教育体现的是奠基功能。“百年大计，教育为本”，教育是经济发展和科技进步的基础工程，教育对经济的发展具有奠基性的功能和作用。在科技方面，教育体现出了“二元”功能。一方面教育培养出卓越的科学技术人才，另一方面教育向社会直接输出科研成果。这两者是紧密相连的。最后在文化方面，主要体现在选择功能上。教育可以通过对文化的编整、糅合、加工和改造进行肯定性选择，也可以通过对文化的斗争、反衬、归谬和排除进行否定性选择。另外，教育还可以创造和发展新兴文化。

（二）生态因子与教育生态的关系

教育生态学是研究教育与其周围生态环境之间相互作用的规律和机理的一门学科。教育生态学将“周围生态环境”准确地称为教育的复合生态环境，它包括自然生态环境和人工生态环境。或者也可以大致分为三类环境：自然环境、社会环境和规范环境。在每一类的环境中又包含多种多样的要素，比如自然环境里面的温度、湿度等气候要素，自然地理要素等；社会环境里的人口、经济、家庭、职业等要素；规范环境里的道德规范、风俗习惯、民族传统等要素。这些要素在前文已经说明过，可以统称为生态因子。每种生态因子都可作为教育生态学的研究对象，都对教育教学产生重要的影响和作用。受篇幅限制，本部分主要阐述与教育关联非常紧密的文化、人口、教育资源这三大生态因子与教育生态的关系。

1. 文化与教育生态的关系

文化是人类物质生产与精神生产活动及其产品的总和。它渗透进社会各个子系统里，尤其在教育生态系统中，文化是教育教学过程中的教育资料的构成要素，所以它与教育生态的关系更为密切。一定区域的教育肯定会受到该区域文化发展的影响，不同区域里不同的文化构成要素对教育的影响也有差异。文化与教育，两者是一个动态的发展过程。具体来讲，可以从文化对教育的影响和教育对文化发展的影响两个方面进行分析。

一方面，不同区域、不同类型的文化会直接影响教育教学内容的选择，会影响教育管理方式的选择。不同地区的人们由于所处的生态环境不同，所形成的文化传统也不尽相同，在教育过程中也会表现不同。例如，有的区域重视知识的传授，有的区域更加重视技能的培养。近代以来，西方社会文化注重理性，推动了义务教育等领域中各种法律制度的建立和完善，而中国文化传统以儒家思想为代表，强调理性的同时也强调人的作用，强调行为的合情合理，这就淡化了法制的观念。其实，从我国少数民族和汉族的教育理念和方式的不同中更能看出文化对于教育的影响。《中华人民共和国民族区域自治法》（1984 年通过，2001 年修正）里就明确规定，要给少数民族地区办学自主权，少数民族自治地区可以根据国家的教育方针和法律，决定本地区的教育规划和各级各类学校的设置、学制、办学形式、教学内容、教学用语和招生办法。

另一方面，教育对于文化的变迁和传承也会产生重要影响。文化的变迁可以分为两种类型，一种是在内部的文化传递，也可称为纵向的文化沟通；另一种是指不同区域的文化流动，也可称为横向的文化沟通。纵向的文化传承也就是人类学家所说的儒化的过程，横向的文化流动就是人们所称的涵化的过程。无论是儒化还是涵化，都会发生不同类型的多元文化相交叉相融合的现象。当今社会就是一个多元文化社会，教育的功能之一就体现在对多元文化的甄别、选择、传播、创造上。多元文化教育对于教育内容、教育目标、教育方式、教育管理以及教育评价等都产生了重大影响，创造了一个多元性的教育生态环境。

2. 人口与教育生态的关系

人口是一个具有许多规定和关系的丰富的总体。研究者们愈加关注人口与教育的问题始于 20 世纪 50 年代世界人口的急剧增长。人口的大爆炸对于教育生态系统来说是一把双刃剑：一方面，急剧增长的人口使得社会的教育需求急剧增长；另一方面，人口的增长可能导致社会所能提供的资源特别是人均教育资源减少。比如我国人口的急剧增长使得人口数量超过了教育的人口容量，教育资源的完善跟不上人口增长的速度，导致了我国义务教育的普及过程非常曲折。

从总体上看，人口数量呈增长的趋势，但人口的增长并不是直线式的，而是有一个骤升骤降的过程，我们称之为人口的脉动式增长。人口的这种脉冲式波动给教育生态带来了诸多问题，例如，一段时间人口数量骤升，一段时间出现下降，就会造成教育规模不稳定。人口数量骤升后就要扩大教育规模，等到高峰期一过，又会造成资源的闲置问题，又要减小规模。另外，人口的波动还会带来的一个问题就是学制结构的变化。

世界人口数量巨大是个事实，但由于受到社会生产方式、历史、政治等因素的影响，人口地域分布不平衡也是个事实。世界范围内的人口稠密地区有四大块：亚洲东部、南亚次大陆、欧洲和北美洲东北部。同样，世界人口在各国家和各地区之间的分布也是不平衡的。诸如印度、中国这样的发展中国家与美国等发达国家的对比就是典型代表。人口分布的巨大差异势必导致教育生态的不平衡。在发达国家教育资源越来越充裕的同时，很多发展中国家还在思考着如何扩大教育规模，完成普及义务教育的任务。具体到我国，黑河—腾冲线的划定使得我们人口分布状态一目了然，此线东南人口非常密集，此线西北人口异常稀疏。加上经济发展水平的东西差异，很容易造成我国东南沿海地区教育资源充裕、教育水平发达，西北地区教育资源匮乏、教育水平相对落后的格局。

每个地区的人口数量也不是固定不变的，人口在地区间都有一定规模的迁移，如从农村迁移到城市，从国内迁移到国外。一方面，人口的迁移会影响人口整体素质，素质较高的人口能为教育生态系统的健康发展提供重要的前提条件。从国际范围来看，国际性的人才迁移有利于迁入国的科学技术和教育事业的发展。另一方面，人口的迁移会造成教育需求的变化。无论是国内移民还是国际移民，都会产生智力资源流失、教育资源荒废现象，进而导致教育生态系统的破坏和重建。

众多人口中还有一个重要的参考要素就是男女比例，即人口性别结构，男女结构比例的不平衡，尤其是学校中男女生比例的失调将会导致众多教育生态问题。例如女生在学率低导致的男女生比例失调将直接影响学生在学校活动中的交往，进而影响学生的身心发展，给学校教育教学活动和管理工作带来很多问题。

3. 教育资源与教育生态的关系

资源一词主要是指参与人类生态系统的能量流、信息流和物质流，从而保证系统的代谢功能得以实现，使系统得以稳定地、不断地、有序地进化升级的各种物质。教育资源，顾名思义就是教育生态系统发生发展的基本条件，也是教育生态系统与社会生态系统进行物质、能量、信息交换的基本内容。从教育资源的分布与管理上来看会造成三种情况：教育资源的短缺、教育资源的不平衡和教育资源的浪费。

教育资源的短缺当然是阻碍教育生态系统发展的主要因素。教育资源的短缺包括教育经费的投入不足、配套设施和环境的不完善、人员的裁减导致的人力资源不足等方面。这些不仅制约着教育生态系统的运行与发展，还会造成教育生态失衡，导致整个教育陷入质量低、效益差的恶性循环之中。

教育资源的分布受到政治、经济、地理、文化等因素的影响，势必造成教育资源的分布不平衡。受到经济发展情况的限制，不同地区教育经费的投入肯定大不相同。发达国家与发展中国家，城市地区与乡村地区，它们相互之间经济发展水平有高有低，教育资源的分布在经费投入方面就会出现不平衡，进而导致教育效果的不平衡。另外教育资源的分布在不同的学校也会出现不平衡现象，这主要表现在初、高等教育投入上的不平衡。有学者提出“几乎所有欠发达国家都有小学教育长期投资不足，而高等教育投资过多的问题”。换个角度分析，从教育经费分布的历史来看，教育资源分布的不平衡性也体现在不同时期。比如20世纪70年代和80年代就是教育经费投入的两大截然不同时期，前时期教育经费的投入非常丰富，后时期开始普遍下降。

对于教育资源的浪费，不同的学者对其进行了不同的分类，日本学者新崛通也将教育资源的浪费分为3种：①教育目标欠缺，造成教育不得不流于形式；②教育目标得不到实现而产生浪费，又称教育职能不全；③出现与既定的教育目标相反的结果而产生的浪费，又称作教育的逆向职能或逆向效果。还有学者将教育资源浪费分为教育系统内部的浪费和教育系统外部的浪费，显性浪费与隐性浪费，直接浪费与间接浪费等。

在实际的教育教学中我们经常看见的教师流失、学生辍学、毕业生找不到工作等现象均可纳入教育资源浪费的范畴。这些现象，尤其是显性外部浪费的频繁发生，所带来的潜在影响是，会使人们对教育的价值、读书的作用逐渐失去信心，进而导致新的“读书无用论”的产生，而这种思想一旦蔓延开来，会造成学校教育资源的更大浪费，形成教育资源浪费的恶性循环，教育生态系统将无法持续、稳定发展。

随着教育生态学这门学科的不断发展，有关这三大方面的研究理论将会更加全面、完善。同时，研究者对于生态因子的研究也不会仅限于这三大块，还会出现对学校分布、校园环境、课堂环境等生态因子的研究，这也就是很多研究者将教育生态学与学校教育教学相融合所形成的生态教育、生态课堂研究。

二、生态教育

生态教育思想是在20世纪八九十年代的西方国家出现的一种新型教育思

潮，是对已有教育教学理念的一种大胆创新和改革。如果把教育生态学看作一项教育教学的理论，那么生态教育就是理论结合实践的一种途径。它是渗透生态理念、形成正确生态观的重要途径，其任务就是将生态意识渗透到学校的教育和教学中。

（一）生态教育的概念

生态教育（亦称教育生态化、教育生态学化、绿色教育、生态化教育）是在新的教育背景和新的社会经济发展需求下形成的一种新的教育思想。国内学者研究指出，教育“生态化”是苏联学者创用的概念，其内涵是：将生态学原则渗透到人类的全部活动范围中，用人和自然协调发展的观点去思考和认识问题，并根据社会和自然的具体可能性，最优化地处理人和自然的关系。国内学者认为，教育生态化是指伴随着社会各领域的生态危机，现代教育必须及时调整自己的发展方向和指导方针，逐步走向生态化，建立起符合生态规律的新型教育系统。生态教育或教育生态化是人类为了实现可持续发展和创建生态文明社会，而将生态学思想、理念、原理、原则与方法融入现代全民性教育的生态学过程。其目的是培养学生的生态意识，促进生态系统的和谐可持续发展。

按照不同的划分标准，可将生态教育分成不同种类。根据学校层次的不同，可划分为幼儿生态教育、初高中生态教育、职业学校生态教育、高等学校生态教育等；根据学科的不同，可划分为语文生态教育、数学生态教育、化学生态教育、地理生态教育等：根据教育内容的不同，可划分为生态道德教育、生态文化教育、环境教育、生命教育、可持续发展教育等。

（二）生态教育的基本观点

谈论任何一种教育模式都要涉及该模式下的教师、学生、教材、课程，以及教师的教学和学生的学习。目前众多学者对生态教育的研究也是从以上几个方面入手，形成了一些比较成熟的理论和成果。当前我国基础教育课程改革的核心理念是“以人为本，以学生的发展为本”，我们就先从生态教育的学生观谈起。

1. 生态教育的学生观

生态式教育思想的诞生颠覆了传统的以教师为中心的灌输式教育和以学生为中心的园丁式教育。灌输式教育，顾名思义是以教师的绝对权威为主导，教师是知识的灌输者，学生必须无条件地记背教师传授的知识。而园丁式教育与灌输式教育恰好相反，要求教师不能对学生指手画脚，教师成了辅助者，不能对学生做出任何指示和要求，只能顺应学生的需要，甚至不能也不必为学生提供建议和指导性的帮助。生态式教育与二者皆不同，它是以教师、学生共同组成的生态平衡为中心，强调的是对话、合作、和谐发展，促使以教师和学生为主要构成元素的生态系统稳定持续地发展下去，达到最佳组合效果。

2. 生态教育的教师观

在应试教育范式下，教师永远是高高在上的权威，领着学生固定地朝着一个方向前进，结果却是学生越来越迷茫，这是因为应试教育忽视了学生的心理成长，学生得不到全面发展。那么在强调整体和谐发展的生态教育下，应重新定位教师的角色，即教师是学生生命的关注者，是生态关系的协调者，是课程资源的整合者，是教育实践的反思者，亦是追求自我发展的进取者。

3. 生态教育的学习观

学习被看成是由学习者、学习活动、工具中介系统、社会及物质环境等构成的多要素相互作用的行为。因此对于学习观的研究就要从以上几个方面综合考虑。在生态教育范式下，生态教育的学习观把作为主体的学习者视为积极地与其学习环境交互作用，把学习者视为携着一定的生命印记的、“有情有义”的知识意义的积极建构者，强调个体与共同体在学习过程中的相互贡献、相互作用。总的来说，生态教育学习观的原则可以概括为：①整体性原则。该原则指人的要素（含个体和群体）、物的要素（含各种工具、语言、规则和方法等）以及环境因素等各种要素之间相互作用，形成一个完整的实体。这样，才能使学习达到一个良好的效果。②适应性原则。首先，最突出的表现就是作为学习生态系统中的主体，学生的学习实践绝不能脱离特定的学习情境，他们必须在学习中与他人、与环境交往互动。其次，一个有良好设计条件的学习环境，应当是在学生的学习发展过程中，可以随着学生学习特征而改变的富有弹性的环境，是可以适应学生的不同认知风格以提供多种形式的空间环境。③多样性原则。生态教育的目的就是要达到“多元共生”，生态学习系统就是强调话语共同体的建立。

（三）生命教育

1. 生命教育的原则

生命教育作为一种教育范式，适用于其他教育模式的教学原则，如直观性原则、系统性原则、启发性原则等必然也适用于生命教育教学。当然，作为当今社会一种新的教育思潮，生命教育也有属于它的独特原则。

（1）科学性原则。教育是一门科学，它的贯彻和实施一定要符合科学性原则，生命教育也不例外。生命教育的实施一定要符合学生身体和心理成长的规律，教育学家认为人的身心发展具有阶段性、互补性和差异性。生命教育的开展就要以此为依据，在选择生命教育知识时要考虑学生的接受能力，不同阶段要设计不同的内容和要求。同时活动内容和要求也应符合各阶段学生的认知水平、需求和兴趣，不能盲目拔高，不能随意安排。

（2）主体性原则。现在都提倡以学生为主体的教育观，在生命教育中更是如此。生命教育不仅将学生作为教育的主体，也将教师作为教育的主体。基于此，对于学生与教师而言，在生命教育中，他们应该是相互信任、尊重、关心、理解的，是具有双向互动性的主体。也就是说，在生命教育中，不仅仅是教师要尊重和关心学生，学生同样要对富有主体生命的教师持尊重、理解之心。生命教育从本质上来讲即是生命与生命的对话与交流。这样的生命教育才富有活力和动感。

（3）体验性原则。体验性原则是生命教育中必须倡导的一项独特性原则。该原则注重对学生的人文关怀，强调学生的切身体验，改变单一的接受性学习方式，把生命教育有机地融入学生的生活之中，努力使学生在探究实践中获得积极的情感体验，培养学生的创新精神和实践能力。其实在生命教育中我们时时刻刻都在感觉着生命的成长和变化，所以体验也无处不在。生命教育的开展可以通过在教育生活世界中适当创设有意义的情境，唤醒学生的生命自觉和生命体验，使他人、他物融入我“心”，浸染生命，感动人生。只有这样一种强烈的情感，才能撼动人的心灵，实现生命教育的初衷。

2. 生命教育的内容

不同的研究者从不同的角度阐述了不同的生命教育内容。台湾学者从四个向度，即人与自己、人与他人、人与环境、人与宇宙这四个方面，列举了认识自己、尊重他人、爱护自然和环境等方面的教育内容。也有学者从生存意识教育、生存技能教育和生命价值教育三个层次概括了生命教育内容。当然，由于生命教育是囊括了诸多教育子系统的一种生态教育体系，所以其内容必然丰富多样。

由于生态教育有着极为丰富的内涵，其涵盖的对象和领域从不同层面上看也多种多样。教育方式包括课堂教育、实验证明、媒介宣传、野外体验、典型示范、公众参与等；教育内容包括生态理论、生态知识、生态技术、生态文化、生态健康、生态安全、生态价值、生态哲学、生态伦理、生态工艺、生态标识、生态美学、生态文明等。生态教育的行动主体包括政府、企事业单位、学校、家庭、宣传出版部门、群众团体等。所以生态教育的研究将永无止境，其理论也必将日趋丰富和成熟。无论是发达国家，还是发展中国家，不同地区结合当地特色所形成的新理论新实践，其宗旨都是实现人类、社会、自然的和谐发展，构建一个可持续发展的和谐社会。

第二节　系统科学理论

我国著名科学家钱学森曾说："不管哪一门学科，都离不开对系统的研究。系统工程与系统科学在整个 21 世纪应用的价值及其意义可能会越来越大。""旧三论"和"新三论"是人类历史发展中的横断科学，具有一般科学方法论的特点，适用于许多学科。它正在横向扩展并渗透到各学科的科学结构中，在生态研究中的应用也更加广泛，促进了生态学理论的发展。

一、系统科学简述

系统科学是对系统进行研究和应用的科学。换句话说，系统科学是从系统角度观察和研究客观世界的学科。一个系统是一个有机的整体，具有由相互关联和相互作用的元素组成的特定结构和功能。系统科学研究系统现象、要素、结构、问题和行为，研究领域涵盖自然科学、工程技术和社会科学，属于交叉学科。

系统思维可以追溯到原始社会人类对自然世界的一般理解。在古代文化中，希伯来的宗教神学、老子的自然人类学和古希腊的自然哲学都充分体现了系统的思想。"系统"一词来自古希腊语，意思是整体由部分组成。我国传统医学主张的望、闻、问、切四疗法和战国时期修建的都江堰水利工程，都是对系统思维的具体应用。但是，系统科学作为一门新学科出现得比较晚，一般认为是在 20 世纪 30 年代。1937 年，贝塔朗菲提出了一般系统论的原理，为该学科奠定了理论基础。由于他对系统科学的创建和发展做出了杰出贡献，被公认为是一般系统论的创始人。系统科学革命与以前的重大科学革命相同，它暗示着人类与社会之间以及人类与自然之间的新对话。对话的主要内容之一是用系统思维、系统原理和系统方法观察和研究事物，对传统的科学理解和方法进行创新，并建立新的人类思维方式。

系统科学的发展包括以下阶段：①系统科学的形成阶段（20 世纪 40 年代至 60 年代）；②自组织理论的建立阶段（20 世纪 70 年代至 80 年代）；③复杂系统科学的兴起（从20 世纪80 年代中期开始）。这三个阶段的代表性理论是人们经常说的“旧三论”（系统论、控制论、信息论）和“新三论”（耗散结构论、突变论、协同论），以及复杂系统理论（非线性自组织系统理论、复杂自适应系统理论和开放式复杂宏观系统理论）。

自 20 世纪中叶以来，系统科学已成为发展最快的综合科学。随着系统科学的发展，人类对客观世界的认识已经从平衡转变为非平衡，从确定性转变为非确定性，从线性转变为非线性，从连续性转变为不连续性，从他组织到自组织，从简单到复杂，从满意解到最优解，从以实体为中心到以关系为中心。考虑到系统科学重要的生态系统分析指导意义，以下将简要概述系统科学的两个基本理论，即“旧三论”和“新三论”。

二、系统科学相关理论

自 20 世纪以来，随着社会生产力和科学技术的飞速发展，人类社会经历了前所未有的新变化，必须用新的概念、理论和原则来解释、分析和研究人类变化，而系统科学正是这个时代所需要的。系统科学广泛应用于各个领域，为人类文明和社会的发展做出了积极的贡献。

1. 系统论

系统论是一个广义的概念，从广义上理解，它涉及识别系统概念中的对象，并使用诸如完整性、集中化、层次结构、最终性和逻辑同质性的概念来查找系统的模式和原理。它不断发展，是对其功能进行数学解释的主体。

什么是系统？系统是由若干相互作用、相互依赖的要素组成的具有一定结构和特定功能的有机整体。每个系统都是由许多子系统组成的层次结构，子系统又由更小的子系统组成，它们之间以一定的结构方式组成有机整体。每个子系统各有其一定的功能，而整个系统的功能并非是各个系统功能的简单相加。当低层次的要素组成高层次的系统时，系统往往产生出新的、原来层次所没有的性质，这个过程被称为“涌现”。

美籍奥地利生物学家贝塔朗菲被公认为是一般系统论的创始人。1934年，他发表了《现代发展理论》，并提出了一些基本观点：①所有有机体都是一个整体；②所有生命现象都处于活跃状态，因此必须将生命视为与环境和物质交换能量的开放系统；③所有有机体都是按照严格的层次组织的。这些观点为创建“一般系统论”奠定了基础。在1937年的芝加哥大学哲学研讨会上，贝塔朗菲首次提出了“一般系统论”的概念。1945年，他的相关文章发表于《德国哲学周刊》。1968年，他又出版了《一般系统论——基础、发展和应用》一书，建立了新的“系统论”学科。

一般系统论的研究对象不是一个具体的系统，而是一个抽象的一般系统，它揭示了一般系统的同态性问题。所谓系统的同态性是指存在方式的一致性和运动方式的一致性，这由所有系统所遵守的相同规律所决定，包括系统的结构、功能、状态、演化、分类和特征。系统结构表示系统组件之间的关系。系统的功能是指系统行为的影响，有助于环境中特定事物的发展以及整个环境的生存。系统的状态是指可以观察和感知的情况。系统的演化是指系统的状态、特征、结构、行为和功能随时间而发生的变化。根据内容划分，可以分为物质系统和概念系统；根据规模划分，可以有小、中、大和巨型系统；根据与环境的关系划分，包括封闭系统和开放系统；根据组成部分划分，可以分为自然系统、人工系统和复合系统；根据状态划分，可以分为静态系统和动态系统；根据具体领域划分，可分为管理系统和工程系统。但不论哪种类型的系统，整体性、关联性、层次性、动态性、有序性等属于共同特征。

系统论通过对系统进行研究并分析系统的组成、结构、功能和相关性，将分析与综合辩证地结合起来，从而开辟了系统的且综合的思维方式。系统论坚持动态观点，将系统视为动态运动，从中寻找系统的动态规律，调整动态中整体与部分之间的关系，部分的功能和目的服从于整个系统的最佳目标。这些观点在分析课堂生态方面具有积极意义，可以帮助教师从生态系统的角度思考以下问题：课堂生态学的系统特性是什么？课堂教学的总体目标是什么？如何优化教室的生态结构？如何协调课堂生态中各生态要素（即教育要素）的功能，以实现整个系统的最佳目标？信息化课堂生态的动态特征是什么？如何达到自然平衡？等等。

2. 信息论

信息论是关于信息的性质和传递规律的科学理论，是一门运用数学统计研究信息处理和信息传递的科学。什么是信息？信息是在系统内建立连接的一种特殊形式，是系统确定程度、走向有序的标记。简单来说，信息就是知识、数据、密码、情报等。信息的特点是可识别、可转换、可转移、可处理、可存储、可量化和可重复使用。

香农，美国贝尔电话研究所的数学家，被认为是信息论的创始人。1948年，香农发表了著名的论文《通讯的数学理论》，奠定了现代信息论的基础，宣布了信息论的正式诞生。香农在理论上阐明了通信的基本问题，提出了一种通信系统模型，指出在有限的信道上以最大速度传输信息的基本方法，并初步解决了编码和解码的准确性问题。他的作品深刻影响了人类对自然的理解。另一位美国科学家维纳通过其著名的滤波理论、信号预测接受理论和量测信息量的数学公式，为信息科学做出了独特的贡献。香农和维纳引入了统计概率论来解释信息量，并建立了一组用于处理信息量的数学公式和模型。维纳指出，系统中的信息量是组织程度的度量，而系统的熵是混乱程度的度量。随着信息量的增加，熵相应地减小。信息量和信息熵从各个角度对系统的统计特性进行描述。

经过几十年的发展，信息论经历了两个发展阶段：狭义信息论和广义信息论。狭义信息论主要研究信息处理和信息传递，而广义信息论则利用狭义信息论的原理研究其他领域或信息学中的问题。今天的信息论在基础理论和实际应用上都取得了长足的进步。人类生活在广阔的信息海洋中，没有信息，他们甚至一时也无法正常生活下去。信息化也已成为世界所有国家的重要战略，并已成为社会发展的推动力。信息论渗透进了许多学科，拓宽了许多学科前进的道路，拓展了科学理解的范围，并为科学家提供了新的重要思维工具，帮助科学家更好地了解目标物体的本质联系。

当使用信息论原理研究不同领域的系统时，有必要将整个系统过程抽象为信息传递和信息转换过程。换句话说，有必要完全忽略对象系统运动的特定形式，并将系统的有意运动抽象为信息交换的过程，包括输入信息、存储信息、处理信息、输出信息以及将信息反馈到输入终端。信息论认为，系统要素之间、组件之间、组件和整体之间、系统与环境之间的交互作用应通过信息的交换、处理和利用来实现。系统中正常的信息流，特别是反馈信息的存在，使系统可以根据预定目标实现控制，起到协调和优化的作用。部分研究者认为信息方法大致分为 5 个步骤：①将系统抽象为信息传输过程；②对抽象出的信息进行定性定量分析；③建立各种信息模型；④依据模型阐明原型；⑤在实践中修改完善模型。

作为一般方法论，信息方法具有越来越重要的用途和实际意义。信息方法可用于根据信息流来分析生态系统的能量流和课堂生态系统中的信息传输。具体来说，可以考虑以下问题：如何将课程表抽象为信息传递过程？如何根据香农的通信系统模型优化课堂信息流通模型，以减少信息量下降？不管教材内容如何，师生对教学方法有何看法？换句话说，重要的不是教什么，而是怎么教，能教多少。信息技术在改善课堂信息流通中起什么作用？如何提高信息技术的实用性？等等。

3. 控制论

控制论是一门研究各种系统的调节和控制规律的科学。什么是控制？部分学者将控制理解为“基于信息选择目标的行为以及实现这一目标的过程”，这种理解并不完整。另外一些学者则指出，所谓的控制是指人们根据自己的目标改变条件，减少事物发展的可能性，并促使其朝着特定方向发展的行为。每个控制过程实际上都包含三个主要部分：了解研究对象面对的可能性空间；在可能性空间中选择特定状态作为目标；控制条件的转换旨在使事物向既定的方向发展。这里提到的事物可能性空间指的是事物发展和变化中各种可能性的集合。

美国科学家维纳是控制论的创始人，他在 1919 年感到深受自动化控制系统问题的困扰。他指出，控制的关键是根据周围环境的某些变化调整和确定事物发展的方向。在第二次世界大战期间，维纳应美国军队的要求研究了如何提高炮火的精确度并构建有效的防空和反击网络，在此期间提出了“反馈”的概念，即控制和调节。就像开车一样，一切都可以通过向相反的方向运动来进行纠正。如果发现离左侧太远，则将其校正到右侧，反之亦然。因此，维纳认为有意行为可以被反馈所代替，该反馈打破了生命与非生命之间的界限，并赋予了机器有机体内固有的有目的行为的概念。战后，他总结并完善了以前的研究工作，形成了控制理论的经典著作《控制论》，并给出了控制论的经典定义：控制论是一个关于动物和机器中控制和通信的科学理论。

其中，“施控主体”是信息传输的源头，信息通过“输出端”进入受控主体的输入端并影响受控主体。可见输出端同时代表另一个系统的输入部分，也是指系统受外界影响的部分。施控主体也称为控制部分，是指系统的不变部分；受控主体也称为执行部分，代表系统的受控部分。有两种类型的反馈信息，当反馈信息加剧了系统偏离目标的正在进行的运动时，这称为“正反馈”，这会导致系统处于不稳定状态。当反馈信息减少了外部影响并允许系统更接近其目标时，则称为“负反馈”，它促使系统保持稳定，防止熵增加并允许系统适应外部环境的变化。

控制论的形成和发展大致可分为1942年之前的酝酿阶段、1943年至1948年的形成阶段以及1948年之后的发展阶段。如今，控制论作为一门交叉学科，具有广泛的研究主体，并已扩展到客观现实的各个领域。它不限于自然科学或社会科学，还研究跨不同学科且超出每个领域限制的各种系统的一般控制规律。根据应用范围，控制论可分为生物控制论、工程控制论、社会控制论和智能控制论。

现代控制论的主要理论包括最优控制理论和自适应控制理论。最优控制理论强调通过各种数学模型使用动态控制方法，努力有效地解决大型复杂系统的设计和控制问题，以实现全系统过程的优化。自适应控制理论是一种在环境条件影响受控对象之前进行预测性控制的理论。它可以根据外部条件的变化自动调整操作，更适合于维护系统功能。

对于基于信息技术的英语教育，控制论的观点可以提出一些重要问题，例如在现代信息技术应用于教育之后，课堂生态系统可能面临的空间是什么？如何利用反馈信息来平衡课堂生态系统？如何利用最优控制理论优化课堂生态系统？如何使用自适应控制理论来预测和预防课堂生态系统的不平衡？等等。

4. 耗散结构理论

耗散结构理论是一门研究耗散结构的性质、形成、稳定性和演变规律的科学。什么是耗散结构？耗散结构处于某些非平衡条件下（物质、能量和信息的连续交换），并且系统通过自组织远离平衡区的“进化”过程自发地从无序状态变为有序状态。有序结构的形成和维持需要能量和物质的耗散，因此称为“耗散结构”。所谓的自组织是一个进化过程，系统通过自身的力量自愿地增加活动和结构秩序的组织，并且在没有外部环境和其他外部系统干预或控制的情况下执行。最终，有序且更复杂的系统称为自组织系统。耗散结构是相对于平衡结构而言的。它不同于平衡结构，后者是静态的结构。耗散结构是依赖能量耗散的动态结构。

耗散结构理论是由比利时著名科学家普利高津建立的。普利高津领导的布鲁塞尔学派由来自不同国家的近100位科学家组成，长期以来一直从动力学和发展的角度研究不可逆的问题，将热力学理论扩展到非线性领域。该框架也已应用于生物、生态和社会研究方面，为这几个学科的发展做出了巨大贡献。从1947年到1967年，普利高津进行了20年的艰苦努力，终于在远离平衡的非线性范围内获得了“耗散结构”的概念，并逐步建立了一系列非线性和非平衡热力学方法。在1969年举行的“理论物理学与生物学”国际会议上，普利高津因正式提出了“耗散结构理论”，获得了1977年诺贝尔化学奖，这种理论对科学的发展具有重大影响。

除了耗散结构理论中的耗散结构和自组织概念外，还有一个重要的概念是熵。熵是系统宏观状态有序程度的度量。系统的进化方向可以通过熵的变化来解释。处于平衡状态的系统具有最大的热力学概率和熵值，并且与该状态相对应的热力学概率和熵值随着系统状态偏离平衡状态而减小。熵的概念将在下文通过示例进行说明。熵最初是热力学和状态函数的概念，但后来一些数学家使用“熵”来描述一般系统中各个子系统的分布均匀性。例如，一个分为左右两部分的盒子包含几个没有交互作用的相同粒子，如果只有一个，则这些粒子落在左右部分的概率都是1/2。两侧均匀分布的概率为0，不均匀分布的概率为1。如果有两个粒子A和B，则有4种分布可能性。A左，B右；B左，A右；A，B左；A，B右。每种分布的概率为1/4，均等分布的概率为1/2，不均匀分布的概率为1/2。类似地，如果粒子数增加到10，则在任一侧具有5个粒子的均匀分布的概率约为1/4，在框的左侧或右侧具有10个粒子的不均匀分布的概率约为1/500。可以看到，存在的粒子越多，对称均匀分布的可能性比极不均匀分布的可能性就越大。这意味着系统中子系统越多，系统变得越混乱，熵值就越高，并且系统越接近于平衡状态。

根据耗散结构理论，自发创建和维持宏观有序状态至少需要三个条件。首先是开放系统。系统必须是开放的，开放的系统是有序结构的先决条件。孤立系统的熵值总是增加，并且随着熵的增加和秩序的降低，系统总是趋于平衡。开放系统通过在与外界交换物质和能量的过程中不断从外界获得负熵流来抵消系统本身内部熵的增加，趋于使系统的整体熵为零或负，使得系统达到熵增加的平衡。其次是失去平衡。系统必须是不平衡的，非平衡是秩序的根源。普利高津认为，非平衡状态几乎等于线性域中的平衡状态，并且系统始终是稳定的，这些状态不能自发地发展为有序状态。仅在远离平衡的条件下，即在非线性区域中，该系统表现为非线性自组织机制并产生相应的效果。不同于叠加在数量上的线性效应，它结合了系统的要素以形成新的整体效应，创造了新的质量并形成了新的有序结构，即耗散结构。最后，非线性反馈和波动。为了通过波动实现有序，系统内部必须有足够的非线性反馈。

非线性相互作用是系统有序结构固有的因素。在所有复杂系统中，系统影响因子始终在平均值附近波动。在正常情况下，波动对系统的宏观行为影响不大，但是如果波动以非线性方式发生在远离平衡区的位置，则会通过非线性反馈将其放大并破坏原始结构的稳定性，分解系统的原始结构，为系统形成新的有序结构创造条件。

耗散结构理论研究开放系统。宇宙中各种系统，无论是有生命的还是无生命的，实际上都是相互依存的，并且是与周围环境相互作用的开放系统。因此，耗散结构理论具有非常独特的方法论特性，可以广泛应用于各个领域。

要使用耗散结构理论分析大学英语课堂的生态，需要考虑以下问题：教室中开放系统的特点是什么？它如何与外部环境交换物料、能量和信息？课堂生态中是否存在形成耗散结构的条件？现代信息技术带来的变化如何影响课堂生态系统？效果是不可逆的吗？在什么条件下课堂生态更容易在非平衡的非线性区域中形成耗散结构并重建平衡状态？课堂生态中具有哪些区域平衡特征的生态因素？系统失衡与重构的实现怎么达到？等等。

5. 协同论

协同论是一个跨学科领域的理论，主要研究协同组织、有序、无序和支配原则等概念，瞄准的是自组织系统遵循的基本原理。协同论和耗散结构理论是研究复杂系统如何从不稳定状态变为稳定状态的理论。在系统科学的理论研究中，两者经常一起使用，因此统称为自组织理论。一方面，之所以被称为协同论，是因为这一理论的研究主题是产生宏观系统的结构和功能的许多子系统的协同作用；另一方面，该学科需要许多不同的学科共同努力，也就是需要不同学科的协同，以期发现管理自组织系统的一般原则，加强学科之间的研究联系。

协同论是由德国著名物理学家哈肯于 1976 年正式确立的。在 20 世纪 60 年代，他主要从事激光理论的研究，在 20 世纪 70 年代，他发表了关于激光理论的有影响力的论文。激光是在远离平衡区的非线性区域中从无序到有序变化的典型现象。在对特定激光系统的长期研究中，哈肯发现存在独立于开放系统演化的子系统与子系统协调的行为有两种形式。哈肯于 1971 年首次提出“协同作用”的概念，然后逐渐形成了基本观点和理论框架，并于 1977 年出版了《协同学：引论 物理学、化学和生物学中的非平衡相变和自组织》一书，宣布了这一交叉学科的正式诞生。

协同论认为，在复杂系统的许多自由度中，不稳定的自由度会降低稳定的自由度，直到达到空间中的某个点，即系统的稳定状态。哈肯称之为系统固有的自我调节协同作用，系统在其中运行的自由多维空间被称为相空间，而系统达到稳态的点被称为目标点。系统与要素、系统与系统之间的互连和交互规则被称为序，分为两种类型：有序和无序。有序和无序是描述状态的相对量，没有绝对的有序或无序。有序和无序可以在一定条件下相互转化，它们是自然界进化的两个方向。系统的阶次由阶次参数（在耗散结构理论中以熵度量）表征。阶次参数是通过系统元素的协同作用来确定的，同时控制每个子系统的行为。序参量是系统从无序发展到有序的主要因素，它决定了系统的自组织行为。随着外部条件的变化和系统开始变得有序，外部条件的改善和系统有序的增强，序参量逐渐增加。当达到阈值时，就会反映出子系统之间的协同行为。如果序参量急剧增加，并最终在关键区域变为最大值，从而导致系统变得不稳定进而出现突然变化，就会开始出现新的结构。

将协同论应用于大学英语课堂的生态分析可以提供很多启发性的思考。如何利用外部条件的改善（如现代信息技术的应用）建立新的稳定结构来促进系统的不稳定和转型？如何利用各子系统的联系和协同作用来提高系统的最大和最佳功能？如何实现子系统的协调与共存？具体来说，即如何实现师生之间的共同成长？支配原则如何在信息化背景下引导大学英语课堂的生态分析？课堂生态系统中哪些是慢变量、哪些是快变量？如何互动？等等。

6. 突变论

突变论主要使用拓扑工具，通过对稳定结构的研究来解释自然现象和社会现象的不连续现象和突变现象，并试图从定性的角度解释各种现象突然变化的各种特征。把拓扑作为工具是将拓扑的奇点理论用作主要的数学方法。在存在有限数量的基础方差的情况下，建立数学模型以进一步了解方差的机制并预测方差。

突变论是由法国数学家雷内·托姆于1972年创立的。他的论文《结构稳定性与形态发生学》解释了突变论的基本概念，宣布了这一新理论的诞生。突变论认为，系统结构的稳态可以通过一组参数来描述，并且表示稳态的势函数取唯一值（如能量的最小值、熵的最大值等）。如果发生变化，这组参数将在一定范围内变化，并且如果势函数具有多个阈值（如 a 阈值和 b 阈值），则系统通常处于不稳定状态（临界点）。需要注意的是，如果系统结构从稳定状态（a 阈值）更改为不稳定状态（临界点），则由于这些主要分支的干扰最小，系统将发生质的变化。即，如果进一步改变其他参数，则处于不稳定状态的系统会切换到另一稳定状态（b 阈值），从而导致整个系统的突然变化。这种突变可以使结构优化，但通常对缺陷具有较高的敏感性，有时也会带有一定的破坏性。

大学英语课堂生态研究的突变论带来的启示是：现代信息技术介入课堂生态系统后会发生什么干扰？系统可以创建临界点吗？当系统进入不稳定状态时，如何更改其他参数以使系统从不稳定状态恢复到另一个稳定状态，即平衡状态？如何在一个组织良好、基于信息的大学英语课堂中，避免由于系统结构和功能的高度敏感性而导致课堂瘫痪？等等。

第三节　生态语言学理论

生态语言学的发展至今已有近 50 多年的历史。来自不同背景的学者支持在语言和生态环境问题上存在某些相通点，所以将各种语言理论框架和研究方法与生态原理和试验方法相结合。研究者们通过研究语言、语言系统和语言使用之间的关系，已经解决了语言符号环境、自然环境、社会文化环境和认知心理环境的生态问题。这些多学科的整合为生态语言学提供了交叉和开放的特征，但对其主题含义和研究类别的定义提出了特定的挑战。与其他语言学派相比，生态语言学仍存在一些新学科面临的共同问题，如研究对象不明确、研究方法不系统、研究范围不明确等。在此基础上，研究与生态语言学有关的理论的形成和发展，可以弄清该学科目前存在的问题并指出发展方向，也为打造更高效的语言教育提供基础条件。

一、生态语言学的形成与发展

语言与生态的关系是生态文学、文化理论研究中的一个重要问题，生态语言学为认识这一问题提供了很好的视角和依据。近年来，生态语言学发展迅速，国内外语学界对它关注激增，但这一学科的发展仍面临不少问题。这使得无论是从生态语言学与生态文学、文化理论的结合研究来看，还是从生态语言学自身发展来说，都需要我们对这一学科的发源、发展与趋势有更清晰的把握。

（一）生态语言学溯源

“生态学”（ecology）这个词出现于19世纪下半叶，但当时并未受到广泛关注。在1913年和1915年英美的生态协会成立之前，“生态学”才作为一门学科正式成立。最初，“生态学”的讨论仅限于实验室内的理论研究。自20世纪以来，随着世界许多地区的工业化持续加速，经济的飞速发展为自然和社会环境带来了越来越大的变化。特别是在20世纪中后期，人口的快速增长，经济的无序扩张，环境的无序污染以及不可控的资源过度开发对生态环境造成了空前的破坏，对人类的生命和生存造成了严重的威胁。全球生态环境的恶化促使人们探索如何营造和谐的生态环境。在这种背景下，研究生态现象及其规律的生态学得到迅速发展，生态学理论已经渗透到各个领域，生态学研究的范围也扩大到自然科学和社会科学的广泛空间中。

语言是人类生活的一部分，如果不使用语言，就不可能讨论生态问题。同时，由于语言学是在19世纪后期从哲学、心理学和社会学等领域生发的，与这些学科的联系始终非常紧密，对其影响极为深远。因此，在语言学发展的历史上，语言学受到结构主义、行为主义、认知心理学和建构主义等的影响，出现了各种语言学派，并在生态学的影响下逐渐形成了语言学的新领域——生态语言学。

生态语言学是语言学的一个分支，它并不完全受生态学外部因素的影响，而主要是由内部因素引起的，其中社会语言学和心理语言学的研究成果被广泛地吸收到生态语言学中，为这门学科的形成奠定了坚实的理论基础。

在社会语言学诞生之前，重视语言学内部社会因素的语言学家从各个地区的语言和方言的创造、变异、发展和消亡方面研究语言和语言环境。特别是社会语言学在20世纪60年代成为一门独立学科以来，在环境限制下语言使用的研究也得到了加强。关于语言变异性的社会语言学研究、语言与社会之间的关系、海姆斯的“交际能力”概念对生态语言学的产生都有着直接的影响。但是，关于语言与环境之间关系的社会语言学研究主要集中在语言与“社会环境”之间的相互作用上，并且由于语言很少被置于包括自然调查系统在内的整个生态系统中，其视野不如生态语言学那样广阔。然而，社会是人类环境的重要组成部分，对语言与社会之间关系的社会语言学的研究为语言生态学原理奠定了坚实的基础。

在心理学方面，认知心理学系中的“互动派”引起了人们对认知与环境之间互动的兴趣。自心理语言学诞生以来，“互动派”就批评了语言习得的“先天理论”，对语言习得和学习的环境更为重视，如母亲的语言对婴儿的影响以及教师的语言对学生的影响，这些重要作用受到了关注。然而，正如社会语言学对语言与环境之间关系的研究存在局限性一样，关于环境的心理语言学研究也更多地侧重于“语言环境”，而不是像生态学那样关注自然和社会环境中整体物质和人文要素对语言习得和语言使用的影响。更重要的是，心理语言学未能与社会语言学在语言环境上相结合，使得语言学的两个分支，即心理语言学和社会语言学长期以来一直独立运作，甚至相互批评彼此在语言学研究中的缺点。为此，有必要整合所有的环境要素，创造一个更为全面的“语言环境”的概念。

上文所提到的关于环境和语言之间关系的研究缺陷正是生态语言学可以弥补的。在“环境”方面，它把社会语言学研究的“社会环境”和心理语言学研究的“语言环境”扩展到了整个物质和人类环境。

（二）生态语言学的形成过程

1912 年，美国语言学家萨丕尔提出了“语言与环境”的问题。当时，他没有比较语言环境和生物生态环境，但他第一次尝试建立语言与自然之间的关系，就超越了语音、语义和语言结构的传统语言学认识。他指出：一种语言的词汇可以最清楚地反映说话者的自然环境和社会环境。实际上，一种语言的整个词汇集可以看作是与社会相关的观点、兴趣、专业等的复杂创造。我们处在自然环境中。社会特征和文化特征可以从他们说的语言中推断出来。对于萨丕尔来说，自然环境包括“地理特征，气候天气”以及人类生活可能会涉及的各种具备经济价值的事物，如当地的动物、植物和矿产资源。更重要的是，萨丕尔研究的重点不局限于一种语言，还包括多种语言、多种语言和文化、多种语言和环境之间的关系。他一方面提出了语言与自然环境之间的关系，另一方面又提出了语言与文化之间的关系，进一步阐明了各个领域“文化语法互动的广泛多样性”“物质概念”和“性别语言的不同社会态度和语言结构”等内涵。时至今日，生态语言学的基本概念仍然是“相互作用与多样性”。因此，即使当时萨丕尔没有清楚地提出生态语言学的学科理论，他仍应被视为生态语言学领域的先驱。

在生态学飞速发展的推动下，从生态学角度分析语言本质的文章首次出现在 20 世纪 50 年代后期。1959 年，特里姆在《语言与言语》杂志上发表了题为《历史的、描述的与能动的语言学》（Historic, Descriptive and Dynamic Linguistics）一文，从生态学的角度探讨了语言发展的历史和变化。但是，该学者提出的观点当时还鲜为人知，学术界并未认真对待。1967 年，参与人类学和语言学研究的学者沃格林和舒尔茨发表了一篇标题为《作为西南文化地域一部分的亚利桑那的语言状况》的文章。这里使用“生态”一词来讨论美国西南地区的语言以及它们之间的复杂关系。他们认为，对语言的理解应采用生态学的观点。也就是说，不是从语言内部孤立地分析它们，而是从一个区域中所有语言的状态开始。本文对 20 世纪 60 年代的语言学界并没有重大影响，但引起了当时一些具有生态学观点的语言学家的注意。

挪威裔美国语言学家豪根是尊重以上观点的学者之一。他首先在 1970 年的一次语言学会议上提出了“语言生态”的概念，并提出了新的语言学研究思想，其中提到人们可以通过语言行为来认识世界。他认为，语言通常仅存在于使用者的大脑中，并且仅在语言使用者彼此相关并与他们周围的自然环境和社会环境相关时才起作用。因此，部分语言生态系统也属于心理学和社会学的研究范畴。例如在科学和政治学领域，语言生态系统在很大程度上决定了学习、使用和传播语言的人。1972 年，豪根在《斯坦福大学学报》发表了论文《语言的生态学》（The Ecology of Language），将“语言生态”定义为“研究特定语言与生活环境之间的相互作用”，并使用了语言环境与生物生态环境之间的隐喻类比。他认为，实际的语言环境是一种使用语言作为交流代码或符号的社会环境和自然环境，并且从生态学的角度系统地讨论了一系列基本语言问题。从那时起，“语言生态”已被语言学、社会学、文化人类学领域的研究人员越来越多地接受。在此期间，出现了一些有关“语言生态”的著作，从而建立了该学科的理论框架。豪根的语言生态隐喻确立了生态语言学的主流研究范式。生态学在语言学中的应用也迅速扩展。实践研究、话语分析、人类学、语言学、理论语言学等在这些领域都发现了各自与生态学之间的相互作用，认识到了其中所反映的环境多样性。

在 20 世纪 80 年代后期，全球生态环境的恶化使得人类的生存和发展面临着严峻考验，这进一步促进了语言学和生态学的研究。社会责任感促使语言学家思考一个问题：语言学家在生态问题中扮演着什么样的角色？诸如麦基之类的语言学家开始探索语言在环境问题中的作用，并试图找到通过语言缓解和解决问题的方法。在 1990 年，著名的语言学家韩礼德在国际应用语言学学会的世界会议上大大加强并鼓励了对语言和生态问题的研究。在他的主题演讲《意义的新途径：挑战应用语言学》中，讨论了语言的词汇和语法结构中生长、性别和物种的自我表达，并建议语言学研究不应忽视语言在生态过程中的作用，对语言的研究应从生态角度考虑。语言学的组成部分构成了与传统生态学之间的完全不同的研究范式，使生态语言学成为“语言生态”研究的另一个等效术语。在这次会议上，一些学者提议使用“生态学”作为研究语言和生态问题的总称。1993 年，麦凯在他的论文《生态语言学：迈向语言科学的新范式》中提出了“生态语言学”一词，标志着一个新的跨学科研究领域的正式出现。

（三）生态语言学的发展历程

奥地利生态语言学家 A. Fill 认为，豪根的论证致使学术界产生了研究生态语言学的两种方法。一种是将生态语言学理解为一个隐喻，并将某些语言和环境之间的相互作用与某些动植物物种与其生活环境之间的生态关系进行比较。豪根对生态学的隐喻在 20 世纪 80 年代被广泛使用。据不完全统计，以下论文、书籍或其中的章节以豪根的模式将“生态学”或其他派生词与语言相关联：麦基的《语言转用的生态学》，博林格的《语言的生态》，哈尔曼的《语言生态学基础》，狄尼森的《面向欧洲的语言生态学》，芬克的《生态建构语言学》，哈尔曼的《族群中的语言：基本生态关系概观》，菲尔的《语言的生态学讨论》，特兰普的《生态语言学》。在所有这些论述中，生态学已经以各种方式应用于语言研究领域。同时，诸如“环境”、“恒定”、“相互作用”和“语言世界系统”之类的一些生态学概念开始被用于研究心理语言和社会语言现象，以帮助人们从新的角度审视这些问题。豪根的语言生态学由此被认为是一项非常急需的研究。人们开始侧重于语言学和生物多样性的研究，侧重于地球上濒危语言的调查、记录和存储。当今时代，语言终结的速度正在加速，所以这是一项非常有意义的工作。

另一种方法是从生物学的角度看待生态学，调查和研究语言对环境发展和环境破坏的影响，并提倡将语言研究作为一项可能的解决方案的要素。这种观点来自韩礼德在 1990 年国际应用语言学会议上的演讲。他强调了语言与物种特征和物种形成之间的关系，并警告应用语言学家不要忽视研究主体在日益增长的环境问题中的作用。这个思想很快被一些德国学者进一步扩展，形成了“生态语言学”的学说和理论。也许是受到吕曼的“生态传播”思想的启发，芬克使用生态系统的概念来指代世界语言系统和文化系统。特兰普和斯特罗纳等其他学者也继承了这一观点。他们使用生态系统作为隐喻来描述语言的行为及其在与环境的交互中的使用，从而揭示了正在进行的交互过程以及语言与现实世界之间的交互。

生态语言学的研究从一开始就遵循这两种方法。实际上，这两种方法是相互独立的，不是排他的，而是互补的。因此，生态语言学主要研究语言和生物多样性，以探索语言在协调生态系统过程中可能产生的影响以及语言在生态破坏或生态协调过程中所起的作用。

生态语言学引起了德国、奥地利和丹麦等欧洲国家的诸多学者和官员的关注，一些国家和地区已经建立了专门的研究机构，并在大学开设了生态语言学课程。1990 年，韩礼德在国际应用语言协会上发表演讲，随后两名丹麦学者德尔和班恩在丹麦的奥登斯大学成立了一个关于“生态，语言和意识形态”的研究小组，探索了生态语言学的理论和实践。该小组的成员认为，传统语言学是对文化和部分生态危机的歪曲反映。他们试图创造一种生态和辩证的语言理论。他们认为每个实体都与其他实体和环境存在相互依存的关系，每个实体的存在取决于其与环境的相互作用。

1993 年，国际应用语言学学会进行了“生态语言学：问题、理论和方法”的特别讨论；1995 年，菲尔在奥地利克拉根福举行了一次有关“语言、生态学与生态语言学”的国际研讨会；1996 年，国际应用语言学学会成立了生态语言学分会。一群语言学家已成为这一新研究领域的活跃人物，一些心理学家、哲学家、人类学家和教育工作者也对生态语言学产生了浓厚的兴趣。在此期间，还发表了一系列关于生态语言学的研究成果，包括对生态语言学发展和未来前景的评论，对语言系统非生态因素的批评，对生态语言学的理论框架的研究以及对策建议。诸如话语之类的生态批评分析在许多研究人员的不懈努力下，逐渐发展成为一种语言的新生态学观点，其含义已超出了简单的隐喻意义。生态语言学把语言现象置于生态文化背景下，将其视为一个完整的开放生态系统，研究语言符号系统的生态特征和语言发展的生态规律，并强调语言多样性和生物多样性的相互依赖性。生态语言学正表现出对人类发展的重要性和必要性，基础理论和应用理论体系正在不断完善。

二、生态语言学的基本概念和基础理论

诸如“生态”“环境”“语言生态”“生态语言”“语言环境”等是生态语言学的基本概念。

“生态”是一个隐喻。“语言生态”是指特定语言与其种族、社会、文化和地理环境之间的相互依存和相互作用，以及特定生物的生态学和自然的非生物学的存在和发展。穆尔豪斯勒指出，“语言环境”涉及语言多样性的重要性以及语言与现实世界和环境问题之间的关系。世界上各种现有的语言共同构成了语言生态学。“生态”也可以在生物生态学、生态环境和生态危机的所谓“生态学”方面进行理解和使用。基于这种含义，生态语言学使用了诸如“生态化”（ecologicalization）、“生态学”（ecology）和“非生态学”（non-ecology）之类的词语。它们之间的含义是和谐与互补的。

“生态语言”是一种语言系统，是一种能够表达和促进人类与自然健康、和谐与共同发展的语言。在生态语言学的学科概念提出之后，许多语言学家开始在基本生态学原理中更深入地研究语言子系统、语言和群体的生态特征，并阐述了以下生态语言学的基本理论。

1. 语言物种属性

语言仅属于人类，人类是唯一具有语言专业化生物学基础的物种，动物的交流信号远远达不到人类语言的复杂性。洪堡特和乔姆斯基从不同的角度证明了上述语言与人之间关系的生物学和遗传基础。刘焕辉描述了语言作为人类天生物种的属性与人类语言能力的生物学和社会性质之间的关系。“语言是人的理性的自然产物。它从人的原始的自然状态中产生，并作为一种法则决定着思维力量的功能。”语言是人类的一种“物种”特质，不仅在生物学层面，而且在社会学层面都被识别出来。它具有更深与更广泛的含义。只有当一个人既是生物学人又是社会人时，才有内在的冲动来使用语言进行交流。

2. 语言全息态

钱冠连的《语言全息论》、袁毓林的《语言信息的编码和生物信息的编码之比较》等作品都是基于生物全息律和宇宙全息律，以系统的理论研究语言的本质，揭示语言的全息特征。语言的全息状态是语言符号的生态特征之

一，具有以下特点：①在语言层面上重复了生物学层面的全息特征。在同一个宇宙中，系统、语言和生命都是全息图。生命的亲密关系是分层的：门—纲—目—科—属—种，语言的层级装置：语篇—句子—词—语素—音位。语言层次系统的思想来自将语言系统与其他许多个人生活和自然的物质层次系统进行比较。②语言的节奏是宇宙脉动的缩影。语音节律主要是有规律的强弱、长短话语表现。在河流和海洋的潮汐中存在循环，在植物的生长中也存在循环，在动物的繁殖中同样存在循环，整个宇宙由庞大的全息脉动网络系统连接。人们生活在宇宙的脉动中，口头语言遵循节奏，而语言的节奏只是整个宇宙脉动的缩影。③语言的随机性与生物学的随机变化有关。索绪尔认为，语言的随机性表现为“符号与符号之间的关系是任意的”，并且语言符号、声音和含义的组合是由社会惯例建立的。语言随机性的源头是语言的随机变异的积累和无意义的选择的影响，生物世界中任何系统的形成也是随机变异的积累和无意义的选择的影响。④语言歧义性相当于生态交叉产生的边缘效果。干湿交替带、水陆交接带等生态交错地区会产生边缘效应，从而增加物种的数量和密度。语言歧义性是指用一系列价值各异的词来描述类别边界和目标行为的不确定性，“一些，大多数，全部”和“青年，中年，老年”等具备内在歧义的语言表达有着极大的覆盖范围，有很强的扩展性，含义也非常灵活，这种模糊效果类似于生态环境中的边缘效果。

3. 语言生态系

各种生物相互作用并相互渗透，形成一个充满活力的生命世界。丰富、多样且异构的生态系统是最强大的。物种贫乏、生态系统不平衡的生态环境非常脆弱。关于人为破坏和由于生态危机造成物种迅速减少的教训是深刻的。语言生态系统是一种动态平衡系统，其中多种语言共存并与社会环境互动。最重要的特征是语言的多样性，包括不同的语言、词汇和实际表达形式。健康的语言生态系统对于语言的生存和发展至关重要。物质世界和文化概念之间的巨大差异不可避免地需要多种语言作为信息交流的工具和民族文化的载体。许多语言的共存使得有可能保存和传播丰富多彩的民族文化到世界各地。为了建立更好的世界秩序，必须尊重所有族裔的语言权利和所有族裔使用自己的语言的平等权利。同时，只有保持语言多样性，丰富和多样化语言材料，语言的创新发展才能适应社会不断变化的信息交流需求。

4. 语言环境观

全球环境污染的核心集中在环境不平等的主要矛盾上。某些利益追求者为了自己狭隘且短期的利益而过度开采，排放超过标准的污染物，加剧了生态环境恶化，且不公平地损害了其他相关者的利益和人类的整体利益。因此，生态学家认为保持环境权利的公平是一项重要的生态伦理原则。语言和依赖它的社会环境也相互作用，语言环境也存在公平问题。在代内语用者之间造成不公平语言环境的直接因素是威胁人际关系的交往行为。布朗和莱文森认为，这些交往行为包括三个要素：权势、社交距离以及言语行为固有的绝对含义。导致代际语言环境不平等的原因是不规则的语用行为，这些行为浪费了语言资源并影响未来的语言使用，例如不规则的写作、以奇怪的方式来创造新的单词等。以语言环境公平为核心的生态语言环境观是：“提倡平等相待、相互尊重的合作原则，以消除言语交际双方的不公平；提倡利益平衡的双赢原则，以消除交际利益主体的不公平；提倡个体整体协调一致的原则，以消除语用个体与社会整体利益的不公平；提倡当代人与后代人语用利益并重的原则，以消除跨代不公平。既要维护公平有序的语言交际环境、形成代内语言环境的公平，又要保证语言的可持续发展并确保代际之间语言环境的公平。”

5. 语言生态哲理

最近，通过国内外研究，自然生态系统正在进一步扩展为包括经济和社会系统在内的复杂生态系统。从这个意义上讲，生态学是一种新的哲学。生态哲学本质上是一种基于生态学研究结果的理性反思活动，以生态学为基础，由哲学概念和思维方式组成的理论体系，需要经过理性的抽象和概括。其研究的主体是一种由周围物体组成的环境，包括人类以外的所有生物，本质上是人类环境或系统。研究目的是通过对人与人类环境之间关系的理性思考，阐明人类在生态系统中的地位，人类生存的基础和条件，人对人类环境变化的理解和对人类环境的影响。人类价值、人类对人类环境的责任和义务以及生命的价值和意义是复杂生态现象背后的哲学细节。如上所述，语言是人类的先天物种属性，因此自然地成为人类环境的组成部分和改变人类环境的手段。生态学的核心思想是将语言视为生态系统不可分割的一部分，并倡导对语言在其与外部环境的相互依赖和相互作用中进行分析和研究。从这个意义上讲，生态语言学具有生态哲学的特征。

正如基础生态学研究涉及个人、种群、社会和生态系统的相互作用一样，上述生态语言学的基本理论可以从微观到宏观不断地总结以明确语言的物种属性及生态属性。全息状态理论是对语言子系统（例如语言和词汇）的生态特征的解释。其讨论的范围是在语言级别。语言生态和语言进化涵盖了语言家族的级别，即语言之间的关系。语言环境规则是关于语言生态哲学的讨论，已扩展到语言与外部环境之间关系的宏观范畴。上面提到的语言生态特征和语言发展的生态规律研究主要包括语言子系统—语种—语族—语言体系等各个层面。它们构成了生态语言学基本理论体系的框架。

第四章　基于教育生态化的英语生态课堂构建

教育生态学可以为构建和谐高效的英语课堂提供新的研究视角。本章介绍大学英语课堂的建立和管理，国内外英语课堂生态化研究以及教育生态化的英语生态课堂构建。

第一节　英语课堂设置与管理内容情况

课程设置是指选择课程内容，确定课程类别、学分和上课时间，设定学年及学期顺序以建立合理的课程系统。按照《教学要求》的基本原则和指导思想，建立以建设和发展学校学术和专业精神为中心的大学英语课程，这是大学英语教学改革的主要内容。根据学校的大学英语教学改革计划，应充分有效地分析大学英语课程改革要求，整合各种教育资源，建立以校本为基础的大学英语课程体系，使各种类型、水平和需求的学生都能学好英语，对全体学生的英语能力素养进行充分的教育。

一、大学英语课程设置情况概览

大学英语不仅是基础语言课程，还是一门旨在拓展学生知识面，帮助他们了解世界文化，具有实用性和人文性的优质课程。因此，在开设大学英语课程时，必须充分注意渗透国际文化知识并培养学生的文化素养。大学英语课程的教育目标是培养学生的英语综合应用技能、跨文化交流技能和自主学习能力，以便学生在以后的学习、工作和社交互动中能够有效地运用英语进行交流。借助较高的独立学习能力，学生的全面文化素养得以提高，未来可以满足社会发展和国际交流的需要。既然大学英语是通识教育的必修科目，每所学校都可以根据自身实际情况，结合《教学要求》和各学校的大学英语教育目标，设计适合本校学生的大学英语课程体系。必修课程和选修课程（如知识技能、语言应用、语言文化和专业英语）的有机结合，可以使不同水平的学生得到充分的学习，最终达到提高英语应用技能的目的。

（一）大学英语必修课程设置情况

《教学要求》没有对大学必修英语课程的时间和学分做出明确的要求，但原则上学习时间和学分必须足够，并且学校必须充分利用现代信息技术来开发和构建各种基于信息技术的大学英语课程。充分利用信息技术，可以提升学生的独立学习能力，满足具有不同英语水平的学生的个性化学习需求和专业发展需求。

根据对我国大学英语教育的相关调查，现在大学必修英语课程的时间和学分普遍减少，有的甚至可以称得上是大大减少。但是，大学英语作为必修课的地位并未动摇，大学英语教师越来越重视在课程中培养学生的综合应用技能和文化能力。

就大学英语课程的类型而言，主要侧重于综合英语课程，辅以英语听力、口语，强调对学生英语综合技能的培养。多数大学在提供基于综合英语和视听教学的英语课程的同时，根据《教学要求》中“基于计算机与互联网的英语教学模式”的观点，建立了基于网络的大学英语自学中心。学生可以利用互联网进行独立学习。许多大学购买或独立开发了大学英语学习系统，以充分发挥大学英语网络自学中心的作用。还有的学校将大学英语学习的进度和有效性纳入最终的学生评估信息化系统。

由于学生入学类型和专业发展的差异，不同的大学在大学英语必修课程的设置方面有很大差异。例如，随着我国大学国际化程度的提高，中外合作教育项目在大学学生录取类型中占据的比例有所提升。为了满足这些学生的发展需要，必须强调国际化性质，在英语课程上对学分和课时有更高的要求，并且所提供的课程通常是国际标准，尤其关注学生口语和写作技能的教学。因此，大多数学校为合作教育学生提供了单独的英语口语或写作课程。

（二）大学英语选修课程设置情况

大学英语课程的设置反映了大学教育部门和教育工作者的教学理念。近年来，我国在大学英语课程方面出现了两种完全不同的教育取向。一个是坚持大学英语是专业教育，另一个认为大学英语教育应该对学生的专业学习有所帮助。

采取上述第一种教育理念的学校首先要在大学英语教学中参考英语专业的课程和教学方法来进行，在基础水平上要进行综合的英语教学，包括听、说、读、写等各方面。它提供各种类型的英语课程以提高学生的英语应用技能，教学资源则包括英语报纸、杂志以及电影电视节目。

上述大学英语教育的第二个理念则认为大学英语教育是为某个专业的教学提供服务，需要培养学生用英语进行专业学习和研究的能力，并在毕业后参与某些涉外工作。具有这种观点的学校在设置选修课程以提高大学英语教学方面具有优势，但是它们的教育理念是基于针对特定目的的专用英语（ESP）课程，每种课程都具有校本专业的特点。例如，各种行业英语课程和应用型本科人才培训、知识产权行业英语、法律行业英语、会计行业英语、建筑行业英语、汽车行业英语、IT 行业英语、纺织行业英语、空调和制冷行业英语等其他工业英语课程。这些学校通过学术英语写作、技术英语阅读、商业英语应用、网络科学技术英语和法律英语等各种学术英语课程，为研究型人才的发展做出了贡献。

以上两种完全不同的教育理念反映在大学英语教学改革中，重点体现在课程设置上。教育观念的取向肯定会影响大学英语教育改革的方向和发展。大学英语是英语专业的教育模式，还是坚持为专业学习服务？还是只考虑一个方向而完全忽视另一个方向？

这些问题的答案可能因学校而异。但是，随着经济全球化、文化多元化、教育信息和英语国际化的不断发展，我国的教育水平不断提高，大学生的英语水平也在提高。在深化大学英语教学改革的过程中，专用英语越来越受到关注。这是由于面对高等教育国际化的社会需求以及培养专业人才的需求，必须帮助学生在专业方面取得更大的进步，应该赋予学生以更强且更全面的交流能力。在当前情况下，这已经成为大学英语教育改革的一个主要主题。学校根据分层教学原则，应着眼于各学科和专业的发展特点和方向，重新组织大学英语必修课程，在有效提高学生的综合英语应用能力的同时，对专用大学英语选修课程进行重构，强调普通英语、多功能英语（EGP）和专用英语的交叉集成，加强大学英语课程体系的建设，不断调整和完善校本英语课程体系，更好地培养专业人才。

在大学英语课程中，应坚持将专业学习与个人发展相结合，将必修和选修相结合，将课堂教学与独立学习相结合，将 EGP 和 ESP 相结合。首先，课程必须在个人兴趣和职业发展方面充分满足各类学生的需求，反映专业人才培养计划的专业学习要求。其次，根据课程的性质，不仅要充分考虑新形势下大学英语课程学分减少的现实，还要充分利用学校的普通课程，并组织各种 EGP 和 ESP 课程提高大学英语必修课程的有效性，为学生提供更多选择课程的机会，满足不同类型学生的多样化需求。

在深化大学英语教学改革的过程中，应不断更新教学观念，努力解决 EGP 和 ESP 课程之间的冲突，并将语言技能、语言应用、语言文化等领域的知识纳入英语基础课程，与选修课程相结合，建立起科学、合理、系统的大学英语课程体系。要强调校本特色，确保在大学时光里学生可以一直学习英语，各种类型和水平的学生都能掌握一定的英语应用技能和语言文化。这才能代表大学英语教育的改善。

在高等教育国际化的背景下，大学英语课程的重要性显而易见。但是，大学本科人才培养计划与目标的不断改革，特别是学分和课时的迅速减少，削弱了大学英语课程在整个学校必修课中的地位。同时，社会各界对大学英语教师教学水平及学生英语运用能力的期望日益增加，大学英语教学改革面临前所未有的压力和挑战。英语教师是大学英语教学改革的核心，不仅要充分调动他们的积极性和主观能动性，而且还要通过不断的努力，争取得到学校管理者的理解和支持，努力使学生的专业学习和个人发展效果最大化。这也是大学英语教育研究的根本目的。

二、大学英语课程管理内容解析

长期以来，越来越多的人参与到英语教学理念和教学实践的探索中去，摸索各种教学策略、教学方法和培养手段。但在这一过程中，也有些重要的内容被忽略了，比如大学英语课程的管理。通过运用科学的管理理念和实践经验，可以有效指导和鼓励大学英语课程质量的进步。因此，当前关于大学英语教育的关注重点应该是如何不断提高大学英语的教育水平，如何促进英语教育的发展和完善，以及如何找到有效的大学英语课程管理方法。

（一）课程管理的内涵

目前我国对大学课程管理一词有不同的定义，主要为以下五种。

（1）课程管理是系统组织起来的一系列活动的通用术语，这些活动旨在处理课程开发与课程所需的物质条件之间的关系。其管理的核心是课程开发。

（2）课程管理是对课程编辑、执行和评估的组织、领导、监督和检查。

（3）课程管理是通过组织和协调特定条件下的人、对象和课程之间的关系以实现既定目标来指导课程组成和课程实施的过程。

（4）课程管理是学校教育事务的管理。学校管理人员通过遵循教育规则，履行行政职能并合理组合教育活动的各种要素来完善教育计划和教学大纲，以确保教育活动有序有效地进行，完成既定的教育任务。

（5）课程管理是部署和组织学校的课程设计，指导和检查学校课程的设施，领导和组织学校的课程评价。

这五个定义对课程管理有不同的理解。一种是课程被认为是教育的一个子概念，而教育管理包括课程管理。另一种认为课程与教育之间存在一定的联系，课程是一种更高的教育概念，意义大于教学。在此基础上，需要从微观、中观和宏观三个不同层面分析和讨论课程管理，可以尝试将其定义为在特定的社会条件下，课程管理者需要使用某些管理原理和方法来确定、计划、组织、指导、协调和控制特定课程系统的人力、财力、物料、课程信息和其他要素，以有效实现课程的预期教育目标。该定义可以应用于任何课程，并且可成为大学课程管理中的重要指导。基于此定义，大学英语课程管理可以被定义为高校课程管理者使用某些管理原理和方法来确定、计划、组织、指导、协调和控制大学英语课程系统的人力、财力、物料、课程信息和其他要素，以有效实现大学英语课程的预期教育目标，培养学生的综合英语应用技能（尤其是听和说的技能）和自学能力，并提高学生的综合文化素养，根据经济发展和国际交流的需要为学生量身定制英语教育活动。

在以上定义中，大学英语课程管理活动包括四个基本要素：管理主题、管理对象、管理方法、管理目标，这四个因素相互影响，相互制约。大学英语课程管理的主体包括六个层次：负责学术事务的副校长、教务处、外语学院、外语系、教研室和教师。他们各自承担着不同的任务。大学英语课程管理的对象范围很大，包括教师和学生这些“人”，也包括诸如图书馆、实验室和自学中心之类的“物”，还有教育经费和相关的预算和支出。大学英语课程的管理手段和方法是连接管理目标和管理功能的桥梁，是管理主体对管理目标产生联系，做出决策、计划、组织、协调和控制等管理职能工作的基础。管理方法是可变的，很大程度上影响着课程管理和优秀人才的培养效果。

大学英语课程管理的目标是一系列大学英语课程活动、大学英语人才培养的目标以及学校核心指导思想的集合。

（二）大学英语课程管理的意义

长期以来，大学英语课程管理一直存在“自然论”和“部门论”两种观点。“自然论”认为，大学英语教育的质量在很大程度上取决于教师的教育水平和学生的努力程度。如果教师素质低下并且学生不努力学习，则管理的效果不可能好。“自然论”从本质上否定了大学英语课程管理的功能和作用。“部门论”认为，大学英语课程管理是学校教育管理部门和专职管理人员的事，与其他职能部门和人员无关。不可否认，如果学校领导者可以在学校营造积极的氛围，则教师和管理人员可以积极参与课程的开发，并且教师、管理人员和学生可以充分调动合作的热情，学校的教育质量和管理效率就会大幅提高。

1. 有利于强化责任意识

从事大学英语教学的管理人员从负责教育的学校副校长到实施特定教育计划的普通教师，如果管理分工细致并且职责明确，则可以一目了然地看到每个管理环节的进度，出现问题的节点，或者计划中做得不好的一些细节，明确相关责任人。例如，在有明确分工的基础上，教材选择、期末成绩评估、学生表现评估、补考时间和地点、监考人员安排、班级干预管理、课堂组织等方面的错误都能找到责任人。那么，教育管理过程中的所有成员不仅将尽最大的努力去履行职责，而且还将真诚地合作以实现更好的管理。

2. 有利于提高工作效率

大学英语课程的管理周期很长，可以分为明确的管理期（大学英语是一年级和二年级学生的必修课）和无形的管理期（三年级和四年级选修大学英语）。有的学生会将英语作为选修课，或将其作为自己的第二外语。英语课程管理任务可以分为几个模块以提高管理效率。这意味着可以将在整个管理任务中执行的大小任务划分为几个模块（如创建教学计划、执行教学计划、设计第二课堂活动、建立自主学习网站、收集学生反馈、联系其他大学教职员工等）。模块化管理是大学英语课程管理的关键功能。由于许多模块操作是有一定顺序的，使得每个模块就像链条上的一部分。只要每个模块能够正常工作，整个链条就不会崩溃从而实现大学英语课程管理的整体管理效果。

因此，加强课程管理可以保证模块化工作的顺利开展，深化大学英语教学改革，提高学生的英语水平。

3. 有利于开发课程资源

模块化的大学英语课程管理通过不断改进和完善管理流程，深深地推动了课程结构的变革。每个模块的负责人都会尽力参与头脑风暴，强化组织模块的责任，以便更好地为学生服务。例如，在管理过程中，课程开发模块通过问卷和访谈收集学生的意见，满足个性化课程选择的需求，并允许有较强英语能力的学生做出最终的课程选择决定。第二课堂则可以将趣味性和参与性作为关注的重点，不断丰富教育活动的内容和形式，并确保第一课堂和第二课堂之间的联系。大学英语自主学习网站的建设模块可以根据学生的学习进度进行调整，网站的内容应不断更新，以促进学生的独立学习。其他模块也要采取相应的措施，以便更深入地挖掘模块资源，更好地为学生提供服务。

4. 有利于优化课堂内容

随着大学英语教学改革的持续推进，学校正在逐渐放弃以前的课程安排模式，即大学英语系中教师队伍的固定化和学生无权选择自己的教师。这种课程设置方式忽视了学生对课堂教学水平的反馈，不利于激发教师的教学热情，最终会影响大学英语教学的质量。在实施了将选择权返还给学生的教育改革措施之后，学生有权选择教师。痴迷于传统教学方法、缺乏课堂互动能力、信息技术使用能力跟不上时代发展要求的教师将越来越少。更多的学生会积极参与该课程的学习。教育改革要求教师不断更新教学内容，丰富课堂活动，重视教学质量。对于学生无权选择课程的学校，加强大学英语课程的管理也可以优化课程内容。这是因为许多教育管理流程可以证明教师的教学质量。例如，在期中检查中，可以通过领导和同事的评讲及学生的讨论，来了解教师的教育热情和教学参与度，了解教师采用的教学方法以及学生对课堂的参与度，从而获得学生对教师教学的总体认可情况。学生的综合成绩单则可以帮助了解教师是否一直坚持认真地教学。期末考试后，纵向比较（与上一学期的成绩比较）和横向比较（与本学期的其他班级相比）将帮助了解学生英语技能的发展情况。因此，一旦将课堂作为评价对象，教师的职责就比较明确，教学效果不理想，教师就无法逃脱责任。

5. 有利于了解课程建设

加强大学英语课程管理的最终目标是提高教育质量，最大的受益者是学生。因此，在进行各种教育活动之前，有必要考虑一下学生可以从这项活动中受益多少。同时，应该指出，大学英语课程的管理是多维的。一些活动和管理措施是基于学生作为间接受益人的，所以需要帮助大学生了解大学英语课程的管理和建设轨迹。例如，为了展示课程建设成就，学校可以在各个级别开设高质量视频公开课程，授予不同等级的教育成就奖，培养不同等级的优秀教育团队，挖掘优秀教材，乃至教师自行制作的优质课件。这些活动的申报书会涉及课程管理和建设所采取的措施、取得的成绩、优势或强项、下一步的建设目标等。获得这些信息后，学生不仅可以了解大学管理和构建大学英语课程的历程，而且可以明白学校下一步的教育改革方向。最重要的是，学生可以基于这些信息来计划自己的英语学习。

（三）大学英语课程管理的内容

大学英语课程管理包括三个部分：课程创建系统管理、课程实施系统管理和课程评估系统管理。课程创建系统管理探索如何将教育理念和教育理论整合到总体课程计划中，并在此基础上确定课程教育目标与课程内容等。课程实施系统管理研究教师如何有效地构建互动，以便学生深度参与英语课程，将教学内容转化为自己的知识和技能。课程评估系统管理旨在确保课程质量。大学英语是一门独立的课程，形成了自己的体系。学校的条件因校而异，管理内容和管理方法也自然有所不同。接下来将重点介绍。

1. 制定教学文件

教学文件是课程建设的指导性文件，它包括各门课程（包含大学英语在内）的教学大纲、课程大纲、教学安排、教学进度表、考试大纲等。这些文件中最重要的是教学大纲和课程大纲。教学大纲是学校教学的总领性文件，指导本校人才培养方向。各门课程的教学大纲可从以下方面对该课程进行描述：教学对象、教学目的、教学要求、先修课程、教学安排、教学环境、评价形式、教材和参考书、教学中应注意的问题。课程大纲是严格按照教学规律制定的一门课程的指导性文件，它是教材编写或选用、组织实施教学、课程评价、教学过程监督的主要依据。大学英语课程大纲的制定应该是国家语言政策和语言教育政策以及社会和个人对英语教学需求分析结果的产物，涉及相关学科领域，尤其是外语教学、心理学和教育学等领域的最新研究成果。有条件的学校，应该对大学英语教学大纲格式进行统一要求，然后汇编成册，作为课程资源和选课参考资料供学生随时查阅。

2. 完善课程体系

课程设置和课程大纲是课程管理的重点，也是课程管理原则的主要基础。《大学英语课程教学要求》明确指出，每所学校应根据学校的实际情况确定大学英语教学目标，并在此基础上设计大学英语课程体系。除了传统的面对面课程外，课程体系还应着重于开发基于计算机和网络的大学英语课程，包括必修和选修课程，例如将英语知识、语言应用、语言文化以及专业英语有机地结合起来，形成一个完整的大学英语课程体系，使各个层次的学生都可以充分提高其英语学习技能。第一教室是教育的主战场。为了培养能够适应经济发展和国际交流的高素质人才，需要研究理论来满足学校和学生的需求。可以从四个方面论证课程体系完善与否：是否适合学生的目标，是否可能成功，评估是否有效，在此基础上是否建立了完整的大学英语课程体系。该体系可以包括大学英语强化课程、大学英语预备课程、大学英语必修课程、大学英语普通课程、大学英语选修课程、英语辅修专业课程和双语课程。

3. 建立管理机制

课程管理是对教师教学、学生学习和资源利用的管理。健全的课程管理体系是一套旨在加强课程管理，稳定教育秩序，加强教育质量的规章制度、规定、规则、守则等。它具有约束力，是所有教师、学生和教育管理人员必须遵守的行为准则。完整的大学英语课程管理机制包括学校、教务处、校学生会、校团委、外语学院等相关部门制定的有关规章制度、规定、规则和守则。就外语学院而言，该领域的制度常见的有“教师教研活动制度”“教师集体备课制度”“教师集体阅卷制度”“教师听课、评课制度”“教师调、停课管理规定”“多媒体教室使用规定”“大学英语自主学习中心使用细则”“外语学院资料室借阅细则”等。这些规章制度代表着标准化管理，限制着大学英语教师和相关管理人员的行为，保证了学校管理效率，例如“大学英语自学中心使用的详细规定”“外语学院图书馆的图书借阅规定”，有助于提高资源的利用率，为提高大学英语教育的整体水平打下坚实的基础。

4. 整合课程资源

课程资源是限制学校课程发展的重要因素。学校课程的丰富性和学生独特的个性产生了一种需求，即年龄普遍较大的大学生需要更多课程资源以支持其学习。英语课程资源是指所有与英语相关的学习资源，包括英语教材等有助于发展学生综合语言技能并提高教师素质的非物质课程资源。非物质课程资源还包括英语教师、学生、学生的父母以及社会上其他成员。根据学校物质条件来确定的课程资源主要以各种课程教材的形式出现。

5. 加强队伍建设

严格来说，教师也是课程资源。由于教师是教育活动的关键环节，同时又是教育课程的设计者和提供者以及教育商品的制作者，因此他们在课程的管理和组织中起着不可替代的作用。这是影响教师素质的关键因素之一，应单独讨论。学校必须充分分析和利用大学英语教师资源，并根据其专业水平、专业知识和特点来加以管理。一方面，应该根据两个原则来安排教师："职才相应"和"按需设岗"；另一方面，要多渠道、多模式地开展教师培养，如学历提升、国内外短期访学、到名校进修、参与学术沙龙、教授帮带、与外教联合授课、说课竞赛、同行和领导听课等，以绩效观测、全面衡量、动态发展为考核原则，制定考核指标和考核时间，引导教师在规定时间内全面提升自己的教学和研究能力，以适应新时期大学英语教学的要求。

第二节　国内外英语课堂生态化研究分析

大学英语是面向我国非英语专业大学生开设的一门基础课，因此，对大学英语课堂生态的研究主要集中在国内，国外的相关研究主要聚焦于对广泛意义上的"课堂生态"的研究以及对二语习得的生态考察。本节以大学英语课堂生态的国内外研究分析为前提，就大学英语生态课程管理与教学模式进行探讨。

一、国内相关研究

近年来，国内开始对外语课堂生态进行钻研和探索，近五年得到显著成长。检索数据显示：以"英语生态课堂"或"英语课堂生态"为关键词分 2 次进行检索，一共搜索到 60 篇文章；以"外语生态课堂"或"外语课堂生态"为关键词分 2 次进行准确检索，一共查到 3 篇文章，并且这些论文都是发表于最近的五年，而且数量有着很显著的增长走向。从这 63 篇文章中我们可以看到，对大学英语课堂生态问题进行探讨的共有 18 篇，其中有 2 篇文章对现今大学英语生态课堂在多媒体网络环境下的构成和组建进行了讨论。这些文章的作者大多数都是在一线从事教育教学工作的教师，他们通过本人的亲身体验积累了一定的关于生态课堂的看法和办法及在实际应用方面的实施经验与教训。这些文章在内容上基本都是在讨论建立生态课堂的重要性和探索详细的实施办法。专著方面，2010 年陈坚林教授所著的《计算机网络与外语课程的整合：一项基于大学英语教学改革的研究》一书用专门的一章内容探讨了“外语课程生态化”，主要运用生态位理论研究信息技术与外语课程整合的相关问题。同年，黄远振、陈维振合著的《中国外语教育：理解与对话——生态哲学视域》也用一章内容专门讨论了外语课堂生态的整体观、互动观和平衡观。

在这里要申明的是，上面对“外语课堂生态”的研究统计是不完全的，其中有一些在知网上没有搜索出来的，题目中不含有此类关键词的文章也对外语课堂生态问题进行了探讨和研究。例如，2016 年陈坚林教授发表过的关于“对计算机辅助外语教学概念的生态学考察”的论文就不在这个统计范围内。即使这样，上面的这些数据也可以在一定范围内体现出对于外语课堂生态钻研和探讨的总体情形和整体走向。总体来说，最近这些年，我们对外语课堂生态的钻研和探讨方面的文章相对有点少，对大学英语课堂生态信息化语境下的平衡缺失问题的钻研和探讨更是稀少，而且在内容上也需要完善，但是关于生态课堂的钻研和探讨的论文相对较多。

以生态的视觉和角度把课堂看成一个生态系统进行钻研和探讨，这是由生态学钻研和探讨方法的理论和系统科学的横断性所决定的。实际上，大学的英语课堂拥有生态系统的基本特征，而国内关于课堂生态问题的钻研和探讨也获得了不错的成绩，所有这些都证明了对大学英语课堂生态系统的钻研和探讨是可行的，为以后的研究奠定了坚实的基础。

二、国外相关研究

采用生态外语课堂的方法进行教学要注重外界环境对外国语学习的影响作用。人们通过不断学习和积累经验以习得外语，也就是通过与人文、自然和社会等环境因素不断地相互作用、相互影响来实现。学习者的学习成效、策略、态度和动机都是在环境中得到升华，通过融入环境的程度来确定学习者的学习情况，不同的学习者就算是在相同的境况中学习，最终的学习效果也会存在差异。社会环境与家庭环境、课堂环境与校园环境等都会给学生的外语学习带来影响，尤其是课堂环境。所以，我们要给学生创建一个比较好的课堂环境，从而提升学生的学习成绩。生态外语课堂教学观指出，外语学习课堂是一个生态学习系统，它通过因素之间的相互制约和相互依存而形成。跟以前外语教学的钻研探索不一样的是，生态外语课堂的教学着重注意各个课堂因素间的相互作用、相互影响，特别注意和侧重环境、教师和学生这三者之间的相互作用。所以，外语的教学是通过理解和管理在课堂中所产生的这些关系，其中的任意一类关系若都能得到很好的管理，则势必会帮助和促进其他关系的进步，从而使这个系统中的各个关系和睦、平衡地发展，促使教学成果得到提高。生态课堂教学观指出，外语课堂教学肯定会产生一些新的问题，这些问题通过教师和学生的共同努力被解决，既调动了师生课堂教学的积极主动性，也使教师和学生间的关系变得融洽、和睦，维持了外语课堂的生机。

第三节　基于教育生态化的英语生态课堂研究

教育生态化的英语生态课堂是基于人与人、人与社会、人与自然共建共生，和谐相处的生态学原理。英语生态课堂的构建是优化课堂生态、深化课程改革的内在要求。基于此，本节就生态课堂的基本理论与大学英语生态课堂进行论述。

一、生态课堂的内涵与理念

生态课堂是以人为主体，以人的发展为先导的教学生态环境，是教育生态学研究的重点内容。下面内容将解释生态课堂的内涵和理念。

（一）生态课堂的内涵

生态课堂是一种基于生态观的生态状态下的新型课堂，强调师生之间教学信息、教学组织、教学环境、教学评价等方面的和谐统一，整合与重建。它是一个面向“人”与“生活”的课堂，它是一种生态因素，倾听师生对“生活”的呼唤，联系、发展、和谐与共生的概念在每个环节中如影随形。这是一种更具活力和生态特征的课堂教学形式，它取代了强调技术控制的传统课堂教学模式。

（1）生态课堂的理念。第一原则是可持续发展，其以学生为主体，以教师为驱动力，基本要求是要使学生在道德、智力、体质等各个方面得到均衡发展。主要的方式是持续进行教育，打造教育因素之间的动态平衡。生态课堂的本质是重现生活，激发生活潜能，提高生活质量，实现生活价值。

（2）生态课堂教学。创造课堂生态，创造适合学生生活发展的良好环境。坚持以学生为中心，面向所有学生，将课堂归还给学生，为课堂增添活力，并充分体现课堂的生活化，让课堂有更大的活力和发展。鼓励智慧的产生和生命的价值，提高整个人的生活质量。注重个性和创造力，注重学生潜能的有效发展，注重学生间的理解和互动，注意学生的个性和差异，并根据学生的学习能力进行教学。从人类发展的角度确定课堂效果，正确解决课堂中的各种生态关系，优化课堂教学设计，进行有效的课堂教学活动，减轻不必要的教学负担，提高教学效率，满足每个学生的需求。

（二）生态课堂的基本理念

生态课堂与传统课堂的区别在于，它是在生态哲学指导下进行授课的课堂，生态系统中各种要素之间的物质、能量和信息的交换趋于平衡和稳定。生态课堂是和谐共生的课堂，提高生活质量的课堂，以及着眼于师生可持续发展的课堂。

1. 生态课堂是各元素和谐共处的课堂

在生态课堂中，不仅有较大教师的选择权和学生自主权，而且也有教师的指导和学生的自律。生态课堂对教学的追求是主体与控制、指导与放松、静态与动态、知识与情感、积累与创造等各种元素关系的和谐共处。课堂始终处于民主、舒适和宜人的氛围中，学生可以自觉参与并真正成为学习的主人。课堂创造了一个自然、开放和和谐的环境，建立了一个和谐的学习社区，并激励着每个人。学生要主动参与多种共生活动，共同合作。教师要尊重课堂中每个学生的尊严和价值观，尊重学生的见解，尊重学生的独特性格和学习行为。在课堂上要进行真实的对话，促使学生进行独立、协作和探究等多种学习活动。每个学生都有自己的收获，不同层次的学生都能取得良好的进步。在和谐共处的课堂中，师生之间的平等对话是关键，基于信息的团结是核心，和谐但有差异是特征，活跃的学生是现象，学生的发展是根本。

2. 生态课堂是提高生活质量的课堂

生态课堂侧重于学生的生活能力和发展潜力，并根据生态学原理和教育规律来进行教学。生态课堂贴近学生的内心世界与生活世界，可以丰富学生的内涵，提高生活的价值，培养学生高尚的情感、健康的性格和良好的素质。在生态课堂中进行的教学要关注学生的生活现状，不仅要为学生未来的学习和发展打下基础，还要体现他们的生活价值观。生态课堂进行的教育活动，可以推动学生不断学习使得学生能够终身学习，赋予学生生活的技能，促进学生个性的完整，从而让社会得以和谐发展。

3. 生态课堂是专注持续发展的课堂

生态课堂以可持续发展的生态理念指导教学，使学生获得有关可持续发展的知识、技能和意识，并能够正确处理人与人、人与社会、人与自然之间的关系。生态课堂鼓励学生树立基本的生态道德观，并获得终身学习的技能，如尊重生命、顺应自然、遵守自然规律、追求自然和谐和可持续发展。在小组学习、合作学习和探究学习的过程中，学生既要进行知识的学习，也要学会交流与协作，要能够思考和发展自己的终生学习技能。生态课堂在促进师生可持续发展中起着重要作用。

在以上表述中可以看出，在管理前提下通过追求更大的价值和更高的效率，建立具有良好现实生活因素的课堂生态环境，生态课堂应该能够促进学生的个性化发展，推动学生自主参与课堂，呈现出多方向和多层次的互动，推动学生潜力的挖掘，智慧的释放，自我的创新，生活的改善，科学素养的实现以及生活质量的整体进步。

二、生态课堂的构成要素

生态系统是能量转化、新陈代谢和信息传递的集成，居住在特定区域（或空间）中的生物通过信息与环境相互作用，运用自身功能，组成生态系统的整体功能。本质上，只要是两种生物和非生物成分在特定空间中相互作用并可以实现一定的功能稳定性，即使寿命较短，也可以将其视为一个生态系统。

生态课堂旨在通过生态学的观点、态度和方法来观察、思考和分析课堂。课堂不仅与生命有机体及其生存环境紧密相连，而且还与生命有机体及其环境或环境中的其他非生物成分紧密相连。它们相互联系并相互作用，形成了共生与合作的空间。就生态系统的要素而言，课堂生态系统主要包括课堂生态主体、教育信息和课堂生态环境。

课堂生态学的主体包括教师和学生。自然生态系统中有三种子元素：生产者、消费者和分解者。对应到课堂生态系统中，从“接受”知识的角度来看，师生可看成是生产者和消费者，教师通过自己的方式将知识信息传递出去，可谓“生产者”；学生作为知识的接受方，学生可以理解为“消费者”，但学生不是被动地“消费”知识，而是通过对知识和现有经验的吸收和适应来积极构建知识。通过课堂互动，根据生态“平衡—不平衡—平衡”的运行机制，师生关系始终处于动态形成的过程。

教育信息是课堂教育的内容，课堂教育相当于课堂生态系统的“食物链”。食物链是使生态系统保持活力的关键，它决定了特定生态系统中各个子元素之间的层次关系和相互作用。在课堂生态系统中，师生通过“食物链”相连，教育信息在师生之间、学生与学生之间以及师生与环境之间进行处理和传递，维持着课堂生态系统的平衡。如果没有教育信息的交流与互动，那么整个课堂将变成无根之木，无源之水。师生在这个“食物链”中的关系是民主和平等的，他们在整个“食物链”中紧密相连，有着共同的长远利益。

课堂生态环境是与课堂生态系统中所有教育活动有关的各种要素的总和，主要包括课堂物理环境、课堂社会环境和课堂心理环境。

（1）课堂物理环境。课堂的物理环境包括课堂的自然环境和课堂的教学设备。课堂的自然环境是指课堂的生态主体所处的自然条件，例如教室的大小、室内色调、照明、空气和室内的温度。这些生态因素是教室的生态主体开展教育活动的生态基础，对师生很重要。学生的身心健康发展直接或间接地受到以上因素影响。课堂教学设备包括多媒体设备、教材、学习工具、其他书籍与材料、实验室设备以及其他教育硬件设施。这些设备是知识信息的载体，能够直接影响教育的有效性。

（2）课堂社会环境。课堂社会环境是指课堂生态主体所处的特定环境或文化，或课堂生态主体之间的各种关系和网络，包括概念认识、价值取向、环境行为规范、舆论和人际关系等。

（3）课堂心理环境。课堂心理环境是指由教室生态主体之间或教室生态主体与教室生态环境之间相互作用而形成的心理氛围。课堂的心理环境是默契的、动态的、主观的，并不直接参与课堂活动，而是以隐蔽的方式影响课堂教学的过程和效果。

在课堂生态系统中，课堂生态主体与课堂生态环境之间、课堂生态主体与课堂生态主体之间存在各种联系。他们以教学信息为媒介，通过信息传播联系和互动，使教室形成一个有机的整体。他们在平衡教室生态系统中都起着至关重要的作用，有着独特的相互融合模式。

三、大学英语生态课堂的定义

传统的大学英语课堂受到很多批评，因为既费时又效率低下，原因是课堂生态系统存在许多不足。这些不足主要来自四个方面：课堂生态与课堂生态之间的不平衡，应试教育目标与学生的整体发展之间的不平衡，教与学之间的不平衡以及课堂学习与课外指导之间的不平衡，因此而无法打造出高效的生态课堂。“生态课堂”的概念最早是由美国教育社会学家沃勒在 1932 年的《教育社会学》中提出的。从那时起，生态课堂以一种新的教育理念进入了教育研究的领域。什么是生态课堂？截至目前，仍存在意见分歧，尚无统一定论。例如，高峰认为，所谓的“生态课堂”是在“动态且可持续发展”的理念下改变教师的教学行为，营造自然和谐的教育环境，促进学生的健康发展。周士勤认为，生态课堂是一种以学生、教师、学习内容、学习方法、学习评价和学习环境为组成要素的教育生态系统，其作为一个整体，为学生提供了多样化、和谐、可持续的课堂形式。这是一种符合学生生理特征以及学习和生活习惯的课堂形式。杜亚丽认为，生态课堂采用生态方法从生态思维和生态学角度对课堂教育进行调查，并在学业测验、教师与课堂环境之间的关系上探索生态课堂的理论与实践。以上各定义代表了生态课堂的几种流行理论观点：环境理论、形态学理论和综合理论。大学英语生态课堂某种程度上是学生综合发展过程的一部分。大学英语生态课堂可以定义为是基于生态理论和各种英语教学实践的学生生命发展。

四、大学英语生态课堂的本质与特征

生态课堂的本质是促进人类生活的发展，这不仅包括学生个体的发展，还包括整个学生群体的可持续发展。大学英语生态课堂的特点是整体性、多样性、共生性、开放性和动态平衡。分析大学英语生态课堂的特点有助于建立符合大学生生活发展的大学英语生态课堂，提高大学英语课堂的质量，促进大学英语课堂的可持续发展。

（一）大学英语生态课堂的本质

教育强调人的重要性，重视人的发展，因为教育本身就是影响人们身心发展的社会实践。大学英语生态课堂也非常关注学生生活发展的进一步完善。生活的完善反映在学生的个人变化中。学生要能够保持一种喜欢探索新鲜事物的心境，增强他们在各种环境和个人生活中发现问题、寻求知识和解决问题的能力。学生心理的健康发展，则在于他们与他人的友好相处以及对国家、民族和社会的责任感。当然，培养创造力和批判性思维也是每个学生发展的一部分。但是，在个人发展过程中，学生不应将破坏某项发展作为其他发展的前提。原因很简单，教育不是针对单个学生，而是旨在确保所有学生都能学习到真正的技能并具有生存能力。此外，学生的全面进步以及持续性发展，是我们的教育一直追求并旨在实现的目标，是一项旨在促进学生生活成长和全面发展的教育目标，吸引了教育界的兴趣和关注。因此，大学英语生态课堂的本质是要促进学生生活成长和发展。学生们在生态课堂里吸收养分，并通过知识信息走向成熟。这种能量、信息和物质交换在生态课堂模型中发挥了重要作用，为进一步改善学生的生活创造了良好的前提条件。大学英语生态教育中积极可持续的信息，能源和物质交换循环为学生提供了良好的外部生态环境，可以帮助学生生活的发展以及可持续发展。可见，生态英语课堂的主要目标始终是学生的进一步发展，整个学校成长进步，并且能够形成长效机制。

（二）大学英语生态课堂的特征

大学英语生态课堂存在以下几个非常明显的特点。

1. 整体性

生态课堂的整体性，即大学英语课堂应该是一个带有生态系统的小环境，生态课堂的每个元素都有其含义。要努力减少相互作用和联系的限制因素的数量，尽可能地协调每个元素在生态课堂中的位置及其所发挥的最大作用，并减少由限制因素引起的副作用。根据生态学的基本观点之一，即整体性的观点，大学英语课堂中每个元素的变化必定会引发一系列相关反应，从而破坏课堂的原始生态平衡，干扰课堂效果的正常发挥。因此，通过调整英语课堂生态系统中各元素的布局，可以让大学英语课堂发挥其最佳性能。

2. 多样性

所谓多样性，首先是指生态课堂元素的多样性，包括教师、学生、教学内容、教育环境、教学方法等。其次，它意味着每个元素特征的多样性。例如，作为课堂生态的主要元素之一，学生在性别、年龄、学习动机、学习策略、学习方式和自我效能方面存在差异。多样性不仅是大学英语生态课堂的内部特征，而且是每个要素的内部特征。大学英语课堂教学应遵循这些要素的内在规律，不能利用外在力量对学生进行强制性限制，而要通过精心的教学设计和合理的资源分配，根据学生的才智，从学生的实际成长需求出发，让每个学生都能在课堂生态里发挥出自己的作用。

3. 共生性

所谓共生性是指大学英语生态课堂主体共同成长所产生的相互联系和相互作用。校园内的学生和老师是大学英语生态课堂的主要组成部分。他们的共生关系大致有以下三种：一种是优选的共生关系。换句话说，生态主体之间的互动只对一方有利，而对另一方无利。传统的课堂主要通过教师讲课来传授知识，因此很容易形成这种对单方面有利的优选共生关系。第二个是不相关的共生关系，生态实体之间的相互作用，不会提供益处，但也不会造成伤害，这种现象的实质在于缺乏学生与学生、学生与教师之间的信息、能量和物质的交换。最后，存在互惠互利的共生关系。这意味着可以提高要素之间的相互关系和功能，从而促进各方的成长。例如，师生之间是教学相长关系，生生之间是互助合作关系等。教师与学生形成团结互助的伙伴关系，可以减少由于纠缠在课堂生态内部而引起的不必要的消耗，并且可以显著提高教学效率，这是大学英语生态课堂中尤其应该注意的。

4. 开放性

所谓开放性意味着生态课堂及其元素不是封闭且不变的，而是要不断与外界交换物质、能量和信息，并探索适合自己发展的生态位。首先，在外语教学中，有必要克服传统课堂教学中时间和空间的局限性，将课堂教学内容扩展到与社会形势息息相关的时事，努力拓宽学生视野。在教室的小环境里，有必要与社会这个更大的课堂生态进行结合，加强课堂学习内容与课外实践之间的联系，并重视教室教学与外界的相互联系。其次，教学方法、教学内容和教学目标等因素必须始终处于时代和实践的最前沿，以便满足学生的新需求。长期以来，大学英语教育忽视了语言的人文功能，过于夸大其工具性，导致现阶段大学英语教育停滞不前。新的课堂教学需要考虑到语言的人文功能，正确认识其工具性，并且着重增强学生的语言习得和自主提升能力。同时，也必须加强对学生的人文素质的教育。换句话说，生态课堂的开放性为大学英语教育注入了新鲜血液，使其充满生机。

5. 动态平衡性

所谓动态平衡性，是指大学英语生态课堂沿“平衡—失衡—再平衡”的轨迹发展。动态平衡是生物学、生态学和环境科学的中心思想，也是大学英语生态课堂的主要思想。基于生态课堂中存在的动态平衡，可以发现大学英语生态课堂中的平衡只是短期存在。当生态课堂的平衡被破坏时，必须创建新的平衡。例如，如果学生输入了足够多的语言，则在重新输入时，会出现对语言输入的抵制。在这种情况下，必须根据此规律调整教学指导工作。换句话说，语言的原始平衡在输入阶段就被打破了，必须创建新的平衡。实际上，这门课程体现的是一个哲学的变化过程，如果在一定程度上积累了量的变化，就会不可避免地发生质变，并且通过该过程使学生的人文和语言技能得到了一定程度的改善，生活有所进步。大学英语生态课堂的发展过程是学生随着生活的变化和更新而能够实际体验到的。

学生的生命成长与发展过程是生态课堂本身固有的根本属性，而且学生的进一步发展应该有一个融洽健康的生态大环境。大学英语生态课堂把学生的进一步发展当作立足点，努力地去调配处理生态课堂当中各个元素之间的相互联系，尽力营造出拥有互利共生关系的教育大环境，让教学脱离局限性极强的传统型课堂。它依据学生的实际情况和需求调整教学内容、教学方法和教学目标，优化教育教学资源并且进行合理配置，尽最大努力找到每一个元素在课堂生态中所处的位置，从而使得生态化课堂环境在教书育人这个方面能够发挥出它最大的潜能。

五、大学英语生态课堂的结构和功能

大学英语生态课堂是从许多真实的课堂生态学中提取的一般课堂生态学，而不是远离平衡区的大学英语课堂生态学。现代信息技术广泛应用之后，这种情况发生了突变。对所有学科通用的课堂生态结构和功能的讨论是具普适性的，而信息技术则可以帮助了解“大学英语”课程的特定课堂生态。

（一）大学英语课堂的结构分析

结构的“结”是指结合和连接，“构”是指结构和框架，结构是指根据特定关系组合多个组件而形成的，在表达中经常被使用。结构主要包含组成和关系这两个含义。

生态系统需要以特定的结构来发挥并实现其功能。生态系统结构主要包含形态结构与营养结构两个类型。其中，形态结构代表了生态系统的内部和外部组成、质地和颜色。营养结构是指通过将生命物体和无生命物体的营养联系紧密结合起来，将生产者、消费者以及分解者作为中心的抽象结构的形成。形态结构主要包含两个类型，即基本的内部结构和外部结构。生态系统的基本结构相对清晰，由生物（根据其功能可分为生产者、消费者和分解者）和非生物环境（包含无机物、有机化合物、气候因素）组成，彼此之间存在相互作用。如果是特定的生态系统，则由于有机体和物体的类型、环境的组成等不同，营养结构及主体外观也不同，因此没办法用固定且统一的方式去描述。在营养结构中，生产者、消费者和分解者根据生态系统的功能进行分类，并且由于它们独立于各个组别，因此也被称为生态系统的三个功能组。太阳的能量通过生产者的光合作用或化学能进入生态系统，并分阶段流动，形成了生态系统三个主要功能组的营养结构。

课堂生态与自然生态相似，基本的内部结构和营养结构也可以用自然生态来解释。课堂的基本结构可以简化为两个维度：人（教室的生态主体）和环境（教室的生态环境）。“人”与自然生态系统中的生物有相同之处，教室的空间环境也与自然生态系统中的非生物环境有相似之处。在这其中，“人”可细分为“师生”，而教室的空间环境也可细分为师生关系、教学用具、教学方法、教学氛围以及各种规章制度等。在整个课堂生态系统中，各个生态元素之间存在相互依存、相互影响且相互作用的关系，从而构成一个统一的生态整体。课堂生态系统的基本营养结构为：系统的生产者为教师，教师会消化和转化外界的信息（知识）和自我体验，并于教室环境将其传递给学生，使学生能够吸收并消化和分解信息（知识），以及通过课堂设置向教师提供具体反馈。

然而，作为社会生态学，课堂生态学不同于自然生态学。随着教育生态系统的不断发展，人们对课堂教育本质的理解一直是生态的，随着对课堂生态系统中生态因素及其相互关系的深入理解，明确了课堂生态的形式和结构，其营养结构也在不断发展。李森等人认为，研究课堂生态结构需要建立两个方法论前提：①运用结构性视角来掌握关系思维与课堂生态要素之间的关系，而非物理思维；②从过程的角度揭示课堂生态要素的相互作用，并从动态的角度把握课堂生态。

传统的课堂结构观点认为，课堂教学是教师通过特定的方法和手段向学生传递知识的过程，该过程包括教学方法、教材、教育理念、教学手段、学生学习环境等教育元素。依此类推，知识传授的过程基本上是单线流程，该流程主要由教师主导的单向灌输式地教授，而教学的根本目的是促进学生的良性成长。现代生态学理论的核心思想则为对和谐共生的追求。其中，和谐即为在关系层面之上的和谐，而共生则为生物体的共同成长。生态教育理论的基本概念认为，课堂即是一个复杂的生态系统。在此系统中，教师、学生以及教室环境作为课堂生态系统中的重要组成部分，其相互影响、依赖，甚至混合并转换为多种不同的关系，只有将课堂生态系统中各个影响因素保持和谐、统一的关系，才能使师生共同成长之目的得以实现。在课堂生态系统中，教师不再是唯一的生产者，在课堂生态环境之中的媒介元素如计算机、网络、多媒体等，也可作为信息源成为课堂生态系统中的生产者。而学生在课堂生态系统中，主要是学习者与信息分解者、消费者，但在某种情况之下也可变成知识与信息的来源而成为系统的生产者。在现代课堂生态系统中，教师也不单单是生产者，也可成为信息的分解者与学习者、消费者，从学生、同事以及环境中获取、吸收知识与信息。综上，我们可知，在课堂生态系统中，教师与学生同时具有三个身份，即生态系统中的生产者、分解者与消费者，但需要注意的是，其功能身份存在主次区别，教师以生产者为主，而学生则以消费者为主，需要合理对待。教师、学生和环境通过课堂互动活动实现能量和信息的流通。

传统的结构观认为，教室环境是包含教室外在环境与教室氛围在内的统一体。而现代生态教育理念对教室环境仍未有统一的观点。瓦伯格和安德森认为，教室环境包含两个维度，即结构与情感；而穆斯认为，教室环境可分为关系、个人发展以及系统维护、系统变更四个维度；艾礼逊与博伊金等把课堂环境分为社会或心理关系、教学的核心技术、物理结构及组织程序、纪律和课堂管理、态度观念及期望五个维度；李森等学者将课堂环境划分为自然物质环境、制度文化环境以及心理精神环境。上述分类方法具有不同的观点和各自的重点。还有一种流行的分类方法，将课堂生态环境分为客观课堂生态环境、衍生课堂生态环境和客观课堂生态主体。客观课堂生态环境是指与课堂生态主体的主观意识无关的课堂生态环境要素，主要是指课堂布局和设备等物理要素。衍生课堂生态环境是指从课堂生态中衍生的课堂生态环境要素，如教材、教学方法、教学手段和管理体系。它是社会环境和课堂环境的结合。客观课堂生态主体是指人文因素，如教师的专业素养、师生性格和学生的人文因素，作为客观环境因素而存在的课堂生态学主体。这种分类方法不容易理解。首先，"客观课堂生态"这个名称作为课堂环境很容易被模糊，在衍生的课堂生态环境中，教学方法是否属于客观课堂生态学科存在争议。

关于课堂环境，要从三个维度考虑。①构成教室环境的结构维度。心理学认为，环境通常是指生物体周围各种条件的总和，该条件是特定生物体或生物体之外的空间，以及直接或间接影响生物体的生命和发育的许多因素。从这个意义上讲，课堂环境应包括课堂设施和布局、现代信息技术和教育材料以及其他教育媒体、教师的教育观念和方法以及学生的学习态度。由于社会生态系统的环境也包括人，因此有必要指出，在某些条件和情况下，师生在课堂环境中发挥了重要作用。②教室生态系统的生态因素，即关系维度。这里主要是指教师、学生的情感态度，师生之间的关系，师生关系以及与环境间的互动关系。③从文化方面来讲，则是对保障如学习氛围等在内的各种课堂文化和课堂生态系统运行的规章制度在维持的基础上不断完善。而为了更好地理解，可在时空维度之上对上述三个维度进一步概括。其中，第一个维度是教学之前即可确定的客观情况，也可理解为是上课前创造的环境；第二个维度则为在课堂教学中通过交互式场景形成的情况，可以称为课堂生成的环境；第三种是一种学习氛围，它是通过教室或系统中的各种反馈形成的，可以描述为课后创建的环境。这三个环境是动态概念，并且会随着时间而变化。换句话说，如果这堂课的互动环境，如学生对老师的看法和态度得到巩固，它将成为下一堂课的课前环境；如果互动气氛得以巩固并且形成了课堂气氛，那么它将成为本堂课的课后环境。

对课堂的结构、关系和文化的三维理解，不仅影响着师生的教与学，而且随着对师生的影响而变化。教师、学生、教室环境以及个人相互影响，甚至混合在一起，形成了类似网络的课堂生态结构。李森等人认为，课堂生态系统的结构关系主要表现为一个相交的结构，其实质是师生之间以课堂环境为中介的相互作用和发展。师生同时创造了一个课堂环境，并在课堂环境中进行了各种互动活动。随着新的质的变化，新的课堂形态和结构不断出现。

术语“课堂生态系统”是指课堂生态的状态，并通过课堂各种要素之间的相互关系表现出来。课堂生态要求必须在每个课堂环节中都有生态，因为它强调客观存在的状态，即课堂的外在表现。生态课堂是另一个概念，其中“生态”被用作形容词，意为“生态的”或“生态化的”，并且该词具有值得肯定的情感色彩。更准确地说，生态课堂是理想的课堂，具有最佳的教育效率，并且可以从生态的角度理解和建设课堂。生态课堂强调应该打造什么样的课堂，即应该是一种主观的和人造的状态。生态课堂的含义包括和谐平衡的环境生态、行为生态以及文化生态、关系生态、心理生态等。从本质上来讲，生态课堂是一种使内外部关系得以协调，为师生共同进步做出良性贡献的课堂生态。课堂生态学是生态课堂的内容与基础，而生态课堂之于课堂生态学即是其目标与方向。生态课堂的建设可以基于对现有课堂生态的调查和分析，从而可以将底层不一致的课堂生态系统发展成为高层、和谐的课堂生态系统。课堂的生态结构不是静态的，而是动态的，并且会随着各种生态因素的变化而变化甚至变异。教师的责任感、学生的学习态度、现代信息技术的应用以及教室环境的布置会影响系统中能量流动和信息流通的方式和路径，并形成多样化的教育模式。英国教育家查理斯·华特金将复杂的课堂系统活动细分为六个要素：目标、任务、结构、角色、资源、效率，并进行反思以推断出三种包含不同教学方法和教育关系的课堂生态：基于讲解的课堂生态、建构主义课堂生态和共建课堂生态。基于讲解的课堂生态是传统的以教师为中心的生态，课堂生态中的能量流动和信息流通主要由教师控制。建构主义课堂生态是一种基于建构主义理论的以学生为中心的新型生态，课堂生态学中的能量流和信息流通主要由学生控制，而教师的角色则转向帮助学生。共建课堂生态是理想的课堂生态，它基于生态学理论的共生原理，消除单个元素所体现出的主观性，师生都是课堂生态中的学习者，通过探索发现实现共同进步。

（二）大学英语课堂的功能分析

“功”的意思是“功效、作用”，“能”的意思是“能力”。功能是指因内部或外部连接和关系而具有特定结构的事物或系统的特征和能力。每个系统都具有功能，系统功能是指由系统行为引起的影响，该影响有助于系统所在环境或整个环境中某些事物的发展和生存。这里提到的系统行为是指系统相对于系统所处环境的变化。生态系统具有三个主要功能：能量流、物质循环和信息传递，三者共同维护生态系统的正常运行。课堂生态系统是教育领域中的一个微观生态系统，因此它也具有生态系统的一般功能。具体而言，课堂生态系统的功能意味着课堂生态系统内的生态因素之间的相互作用或系统与系统内外部的环境之间的相互作用，具有积极意义。它仅在与环境交互的过程中出现。系统的结构和内外部环境决定了系统的功能。

课堂生态是将教师、学生与课堂环境的形态与结构相互作用而形成的统一整体，在营养结构上表现为系统与外部环境间的物质、能量、信息交换与传递，以及师生依靠教学活动完成系统内物质循环、能量流动和信息流通，维持系统的正常运行。依靠完成系统的物质循环、能量流和信息传递使系统正常运行。在这种结构和环境中，课堂生态系统如何影响系统组件、系统本身以及系统所处的环境？在这方面，不同的学者有不同的理解。李森等人认为，课堂生态的主要功能包括可持续发展功能、系统规范功能、动力促进功能和滋养功能。

在众多学术研究中，对课堂生态的理解主要有两种：①课堂生态是一种生态系统；②课堂生态主要是指课堂环境，特别是课堂的指定生态环境。本研究倾向于将课堂生态理解为课堂生态系统，系统运行和优化的目标是建立一个生态课堂。将课堂生态学的表现与生态课堂的表现相结合，可以从系统的内部结构、内部关系、对系统整体和对社会的影响四方面来总结课堂生态学的四个主要功能。

1. 优化结构的功能

课堂生态是由课堂生态主体与课堂生态环境共同构成的，其基本结构常表现得较为稳定，营养结构也表现得较为清晰。教师提供知识，学生吸收知识，环境在此过程中充当媒介。教材在这方面起着重要作用。学生可以通过教材学习来提高和增强他们的知识与能力。但随着生态理念在课堂教学中的应用逐渐深入，许多传统教学模式被打破。例如，教材不再是唯一的知识载体，互联网和多媒体已成为重要的知识载体；教师不再是唯一的知识提供者，师生可以互相学习，环境本身具有一定的教育功能；学生不再是被动的知识吸收者，而是经历者、探索者、发现者和知识创造者。由于这种生态学概念，课堂生态因素的相互作用发生了变化，课堂生态逐渐从传统型向建设型发展，并发展成为新的生态结构，不断优化课堂生态。

2. 调谐关系的功能

师生是课堂生态中的生态主体，他们的关系是课堂生态的重要组成部分，起关键作用。师生关系是不稳定的，相互依存的，并且在课堂活动中不断变化。基于生态理论之下的课堂，对师生间的良性互动是有更高的要求的，它鼓励更多的学生参与到日常英语课堂学习之中，使课堂教学活动为课堂生态系统提供新的动力，以及促进师生间相互尊重的新型和谐关系。此外，相较于传统师生对立的课堂模式而言，生态课堂更加重视主体间的差异性，强调了教师与学生、教师与教师、学生与学生之间的多重沟通与交流。教师与学生之间的互动过程需要情感交流支撑与各生态因素间的情感信息流的多重作用，从而形成一个动态的情感交流网络。教师的情感态度会对学生的学习造成影响，同样，学生的情感态度也会对教师的教育产生影响，且教师与学生不断地从教育生态系统中获得反馈，这有助于师生关系的和谐和主体情绪调节。同时，课堂生态系统中主体与客体之间的关系通过系统的反馈得到不断优化，使这种关系更加趋于和谐。

3. 促进演化的功能

生态系统得以正常运行的重要支撑即是系统与内部循环、外部环境间的物质、能量与信息交换的产物，其中，内部循环是系统动力的主要来源。课堂生态学是社会生态学的一种，但能量是来自于教室中的教师与学生的互动以及外部环境。师生关系良好，教学方式、学习材料以及积极的社会期望都可以促进教学。生态系统中的主要信息源于教师对外部学习环境中的资源进行转化与自身的创造。能量和知识为系统提供驱动力、信息流和智力流，在系统中循环，促进师生的成长，优化环境，并促进系统的运行和自然发展。最初源自外部环境的知识和智力最终被学生吸收，并通过他们对社会的贡献而回归社会生态。

4. 生态育人的功能

生态系统的最基本功能是提高生产力，而课堂生态系统的基本功能是发展人才。在这里，生态育人具有三层含义：①生态主体共同成长。由于人是教育的关键要素，对人进行教育是教育的首要任务，因此课堂生态系统的功能主要是对人进行教育。和谐共生是生态课堂的基本属性，师生共同成长是生态课堂的最终目标。传统课堂主要关注学生的发展，而生态课堂则尊重包括教师和学生在内的所有主体的成长发展。此外，教师的成长和发展将促进学生的成长和发展，他们的共同成长将进入良性循环。②生态主体的均衡可持续发展。传统的课堂主要关注学生学习成绩，将学生视为批量生产的产品，而忽略了学生学习能力和情感体验的提高。现代课堂生态更加关注人们整体自由品格的发展，倡导多样性与共存。可持续发展是指以长远眼光培养学生，侧重于培养自主学习技能和传达终身学习的概念，并最终通过人的可持续发展促进社会的可持续发展。可持续发展是现代生态学研究的重要领域和重要思想。③育人更加科学。传统的课堂认为学生会学习，没有教师教不好。现代课堂生态学更加关注学生的主观能动性，认为知识是通过参与活动获得的，并通过自己的探究而发现的，不应迷信于教师的权威，也不应迷信于学生自己的潜力。学生需要发展自己的学习技能。因此，灌输式教育不是在追求生态课堂，只有建设性和组织化的课堂才是现代课堂生态的主要形式。

值得注意的是，系统的功能取决于其结构和环境。系统的基本结构是稳定的，但是系统的外部环境却发生了变化，而外部环境在变化的同时也会对生态系统产生干扰，且系统与外部环境的物质、能量、信息交换也会随之发生改变，其过程与效果也均会有所变化，甚至会改变最终系统功能。相较于系统结构，系统功能表现得更不稳定。大学英语课堂生态学是在沿袭一般课堂生态学的基础上，确保了功能与结构的相对稳定。但随着教学信息化改革的不断深入，大学英语教学环境发生了巨大的改变。大学英语课堂的生态位被拉入一个非平衡区，英语课堂生态系统中的某些功能随着改革的变化亦随之变化，从而使大学课堂的生态也产生了某种程度的失衡。

第四节　基于教育生态化的英语生态课堂体系的构建

课堂是教育教学的重要阵地，有效构建英语生态课堂将是师生得以提升和发展的主要途径。教育教学管理者只有明确英语课堂生态系统的教育生态规律，才能进一步从课堂环境、课程开发、师生关系、课堂互动、评价机制等方面深入探讨生态课堂的有效构建。

一、生态课堂的生态规律

课堂是一个微观生态系统，其内部教育生态规律是客观存在的，生态课堂的构建也必须遵循教育生态规律，合理安排教学活动，才会有利于教学质量的提高，才会促进学生生态主体的全面和谐发展。

（一）限制因子定律

生态课堂中的限制因子是指达到或超过生物耐受限度的环境因子。1965年，莱特指出：在生物因素或低于临界线，或超过最大忍受度的情况下，限制因子就会起作用。课堂生态系统中的生态因子主要分为物理性生态因子和人为性生态因子两大类。

1. 物理性生态因子

所谓物理性生态因子，是指由于过度使用或是数量不足所导致的限制课堂教学活动有效开展的物理性影响因子。具体来说，如教室、实验室等学习空间的不足所导致的拥挤情况，会对学生的心理造成一定的压力；又如学习资料、药品仪器等学习设备的数量不足，不能满足学生的基本教学需求，从而影响学生的学习兴趣与学习能力的培养；再如，教学媒体的使用度同样对学习效率有一定的影响，在教学过程中，学生可以通过视、听等多种通道来对学习进行促进，若仅仅是依靠传统的黑板、粉笔等单一的教学媒介，则会使课堂教学过于沉闷，反之，若过度使用教学媒体，不仅会造成教学资源的浪费，也会造成学生只会对教学媒体所带来的表面视觉冲击所吸引，却无法对教学内容进行深入思考。

2. 人为性生态因子

课堂生态系统中除了非生命的物理性生态因子外，对教学产生影响的其他一切因素都统称人为性生态因子。这些人为性生态因子主要表现为：①诸如学生课外活动、社会调查等与课堂教学并无直接关联性的师生活动。若教师布置作业太多则会占用学生的活动时间，若家长对学生课外活动不支持，则会对学生参加课外活动产生影响，这些都会成为课堂教学的限制因子。②包括教师在课堂上进行教学演示、实验与学生间进行的合作学习等个体或群体活动。教师在课堂中不应只关注少数活跃学生而忽视非活跃学生，否则非活跃学生就会因为不受关注而失去学习的积极性。③相关政策的支持方面，包括教材、课程的制定，各类教育、管理法律法规的制定与实施等。例如，若教学目标与内容脱离现实，则会使学生与现实生活世界有脱离之感，学习则变得抽象，那么教学内容就成为了课堂教学的限制因子。

课堂生态系统中，限制因子有其特殊性，即所有的生态因子都可以成为限制因子。教师和学生不仅能够适应限制因子的作用，也能主动地创造条件、积极调解，将限制因子转化为非限制因子。这就要求教师在进行教学设计时尽可能地明确限制因子，并积极寻求合理的方法将其转化为非限制因子，促进课堂教学的生态化。

（二）耐度定律和最适度原则

课堂生态系统中的群体、个体对每一种环境因素均有一定的承受能力和耐受度，达不到或过度就会对课堂教学产生不利甚至相反的影响。课堂教学中应该要从以下几个方面来考虑是否达到最适度原则。

1. 教学资源的量

需要对课堂生态系统中的教学资源如教室、实验室物质条件的充足程度、教学与学习用具的合理使用度以及教学媒介使用的控制度是否得当等进行充分考虑。

2. 学生作业的量

相同教学内容所对应到不同类型学生的作业量，其耐受度范围是有所不同的。因此，教师在布置作业时，应充分考虑到学生的耐受度，在其承受范围之内布置。同时，还须针对学习能力强的学生进行合理调整，以保证其得到充分的训练。

3. 教学内容的难度

学生的学习能力存在个体差异，教师要充分把握好知识点的深浅度，针对不同学生的特点采取不同的教学要求，设计不同层次的问题教学，使学生都习得适合自己的知识。

4. 教学节奏

教学节奏有快慢张弛，必须掌握得当，学生如果长期紧张则不利于身心健康，长时间松弛怠慢又不利于学习积极性的发挥和潜能的开发。

（三）生态位原理

所谓生态位，即是每一个物种在群落之中所占据的时间、空间位置及其与功能的关系。在生物群落之中，任何物种均有特定的占位，每一物种也均有其特定的功能，并维持整个系统的稳定性与完整性。在课堂教学中，每一位同学也均有其各自特定的“生态位”，并根据教学活动的差异性表现为不同的生态位。

学生自身的知识、能力、性格、自我效能感以及教师或他人的评价对这种生态位的形成有重要影响。其中，教师对学生的期望和评价直接影响着学生的自我效能感，进而影响着学生的学习成绩和心理的成长。因此，在教学过程中，教师应当平等地对待不同生态位的学生，帮助学生找准自己的生态位，根据学生不同的特点选择教学方法和教学内容，使不同生态位的学生都能得到充分的发展。

二、大学英语生态课堂的构建

大学英语生态课堂是一种全新的教育理念，需要每一个热爱教育事业的人努力追求，精心经营。构建英语生态课堂是一项艰难的系统工程，它包括优化课堂环境、整合课程资源、改善师生关系、加强课堂互动和完善评价机制等。

（一）创设和谐生态课堂环境

课堂是师生共同演绎生命意义的舞台，一个和谐共生的课堂环境是师生生命得以自由成长的前提和基础。生态课堂的环境创设包括课堂中的自然环境创设，也包括文化环境和心理环境创设。

1. 英语生态课堂中的物理环境创设

生态课堂中的物理环境由课堂自然环境与教学设备仪器等物质共同组成，其中包括光线、照明、噪声、座位编排与教室布置等。这些因素在课堂的教学互动过程中发挥着各自不同的生态功能和意义。

（1）适当的光线和照明。课堂中保持适当的光线和照明对学生的学习心理和健康成长都产生一定的影响，如光线太弱易导致学生视觉疲劳而产生厌倦心理，光线太强则过度刺激其视觉而影响健康等。

（2）降低噪声。噪声不仅影响人的正常生理机能而使人感到不舒服，也会对学习者的心理产生一定的负面作用，如使人焦虑、思维迟钝、记忆力下降等。在教室环境中，噪声的大小与教室所在的地理位置和班级学生密集程度有关，离城市中心和工业区越近的学校教室噪声应该越大，班级人数越多所产生的噪声也越大。此外，学生对噪声的承受度会因为性别与个性特征等因素的不同而存在较大的差异。所以要构建生态课堂，首先在学校位置的选择上要远离喧嚣的马路和城市中心，其次还应该控制班级规模。在以偏大班教学的教室里，可以根据具体情境有效安排不同形式的教学活动，也能够尽量减少噪声所产生的消极影响。

（3）布置教室。教室作为课堂教学活动的空间场所，其内部构架和教学设备的合理布置与安排是要精心设计的。教室中课桌的合理摆放，以及教室墙壁的巧妙布置是教室布置的重要内容，干净、整洁、漂亮的教室将能使师生感到愉悦、舒适和享受。不同格局的教室也各有优点，梯形教室一般适用于讲座、定向活动的展示；长方形的教室便于行列式座位编排，以供课堂讲授；圆形的教室适合布置圆形的座位，以便于小组的交流和讨论。此外，教师的位置与学生的座位编排也直接影响师生间课堂互动的效果。因此，教室的布置应该根据具体的课堂活动内容和要求而定，一般要考虑是否有利于师生之间的课堂互动，是否有利于生生之间的交流和讨论，是否有利于自主学习与小组合作学习的有效开展等。

（4）编排座位。传统课堂中的学生座位一般是采用“秧田式”的编排方式，即横成行、纵成列，学生面向教师讲台。此外，还有“圆桌式”“半圆形”“马蹄形”和“客厅式”等座位编排方式。

座位编排是课堂环境中的一个重要因素，它对学生的情感、态度、课堂互动行为乃至学习效率等都有着重要的影响。研究表明，对教师依赖性过强者与学习积极性高者通常喜欢前排座位，喜欢开小差者往往倾向于后排座位，希望引起教师注意者一般坐于中排，胆怯者更喜欢贴墙而坐。由于教学活动自身具有多种类型与形式，而学生作为具有鲜明个性特征的个体，显然不能以一种固定的教室布置以及座位编排方式来适用于所有教学活动。因此，生态课堂教学中，教室座位编排应在充分考虑教学活动的开展特点以及学生的个性特征的基础上，给学生一个舒适、安全、健康、自由的自然环境。

2. 英语生态课堂中的文化环境创设

课堂中的文化环境包括物质文化和精神文化两个范畴。物质文化是指物化和符号化的文化成果，这是一种表层文化环境；精神文化指的是情感、态度、价值观等，这是一种深层文化环境。

英语生态课堂之物质文化环境，主要涵盖教室、教材、教育设施等“显性文化”，而这些在日常教学环境中不知不觉地对学生的行为产生着影响，所以在创设生态课堂文化环境时应尽可能地调动各种物质文化的积极作用，如创办班报、墙报、班训，将教室布置得有生活气息等。

英语生态课堂之精神文化环境，则是指学生个体的个性化发展以及思想境界的提升，还包括学生群体间的相互关系以及精神风貌、师生间的交流融洽度等。这就是所谓的“软文化”“隐形文化”。创设生态课堂中的精神文化环境就是要凝聚课堂中的各种力量，形成既有个体特性，又有集体观念的一种生动活泼的局面。

3. 英语生态课堂中的心理环境创设

在传统课堂环境中，多数学生均在学业和升学的外部重压下承受着一定的心理压力。因此，为减轻学生心理压力，立足学生生命的健康发展，就必须为学生创设一个轻松、自由、安全的心理环境。

首先，家长要转变教育观念。家长对孩子的期待要把握好一个度，不要对孩子施加过大的压力，应该注重把孩子培养成一个心理健全的人，而不仅仅是成绩上的“好学生”；其次，教师要在教学过程中努力做到以知教人、以德育人、以情动人、以理服人，与学生平等相待、和谐共处；最后，学校还应该设立专门的学生心理咨询室，开设心理辅导课程，及时发现和解决学生遇到的各种心理问题。

（二）搭建开放多元的课程平台

课程是学校为实现培养目标而选择的教育内容及其进程的总和，它包括学校老师所教授的各门学科和有目的、有计划的教育活动。我国基础教育课程尚存在内容和结构缺乏弹性与选择性、偏重智力开发、各学科之间缺少联系等诸多问题，直接影响学生的全面协调可持续发展，因此，搭建开放多元课程平台是构建和实施生态课堂的重要环节。

学校在校本课程开发和设置上应该遵循生态教育与生态课堂的理念，以尊重学生兴趣为原则，以激发学生潜能为导向，以拓展学生视野为目的，以发展学生个性为宗旨，构筑开放多元的课程。课程的类型可分为文化课程、活动课程、实践课程、隐性课程。文化课程包括国家课程、地方课程、校本课程；活动课程包括阳光体育、大型活动、兴趣小组等；实践课程包括社会调查、自主活动、综合实践活动；隐性课程包括除了上述三类课程外，一切有利于学生发展的资源、环境，如学校的文化建设、家校社会一体化等。

课程是为学生的成长服务的，课程多元化是促进师生成长与发展的重要平台。校本课程系统必须是开放的：在课程素材的遴选和使用上，注重对中学学段所涉及的知识领域的延伸、拓展与融会，注重对学科前沿的展望，注重对新兴交叉学科的推介；在课程运作上，实施动态管理；在课程评价上，实施多元评价。课程设计应面向人类社会、历史、文化、科技发展的全貌与全程；回应师生作为生命人、文化人、社会人、职业人的全方位需求。

在开放多元的课程中实施生态课堂，不仅可以培养学生多样化的兴趣，满足学生多样化的发展需求，提升学生可持续发展意识和能力，而且也将极大地丰富师生的生命体验和社会视野。生态课堂观认为课程只有表现出多样性、开放性和发展性，才能真正帮助学生走上个性健康的、全面的、自由的发展之路。

（三）确立民主平等的师生关系

民主平等的师生关系是开展有效教学的前提。生态课堂中的民主和平等，主要指师生关系的民主和师生地位的平等。生态课堂中每一个学生都有要求被尊重的权利和表达自己思想观点不受压制的自由；每一个学生都有获得与其他学生同样参与和发展的机会的权利；另外，教师应该成为与学生处于平等关系的引导者、激励者、合作者。

新课程强调民主、平等、和谐的师生关系。要构建和谐的师生关系，从教师角度应该转变思想，充分考虑学生的学习需要，认真对待每一个学生的问题，发挥学生学习的主动性，尊重学生的人格，关注学生的个性发展，平等地对待每一位学生，增加与学生的交流；从学生角度看，要尊敬教师，虚心接受教师的正确指导，尊重教师的劳动成果，在日常学习中积极配合教师的教学。在师生之间建立平等对话关系，使课堂的活力得以显现；师生之间在没有专制、压力、戒备、怀疑甚至抵抗的情绪中交往和沟通，可以共同探究、合作讨论、彼此争辩、畅所欲言，使课堂呈现一种生态和谐之美。

（四）构建师生互动课堂交往

教与学是课堂活动的中心，师生之间的良好互动是课堂活动的重要形式。生态课堂中，教与学依然是师生（尤其是学生）获得发展的主要途径。与传统课堂相比，生态课堂中的教学实质上是在师生平等地位关系下的一种交往教学。这种交往教学强调师生的有效互动与对话，而不是知识的授与受。平等的师生互动必然会产生有效的动态生成，这种“动态生成”体现了学生的主体性，也展现了课堂的真实性。师生互动理念下的课堂教学中，教师和学生都是教学资源，尽管他们的内涵不同，但在课堂教学中的地位是平等的，共同处于课堂双向互动的流变状态之中，共同实现来自教师、学生、教材等多种知识信息的共享和互动。这些信息还包括学科知识以外的兴趣、情感等要素，在交流和互动的过程中，师生共同努力达成课堂教学目标，促进师生人格的发展和完善。

（五）建立动态多元评价机制

评价教育教学成效也是构建生态课堂中的一个重要环节，因为课程评价对课程的实施具有导向和质量监控作用。在以升学为目标的教育体制中的课程评价主要表现为甄别和选拔功能，这种课程评价关注的是学生所掌握的知识和技能，而很少顾及学生的情感、态度和价值观。从某种程度上来说，这样的课程评价观是一种量的评价、甄别性评价、终结性评价，也是单一性评价。因此，生态课堂观认为，生态课堂的有效构建必须以生态学的思想为指导，重新审视传统课程评价机制，并努力构建一种动态的、多元化和发展性的课程评价机制。

1. 动态的评价

生态课程的评价是动态的，而非静态和一劳永逸的，应该贯穿课程实施的全过程，关注学生的发展过程。就学生个人而言，其发展是一个动态生成的过程，所以必须以发展的眼光来看待每一个学生；就学生群体而言，其发展又是一个相互联系、相互影响的过程，所以还需要从关系的角度来评价学生的发展。

2. 多元化评价

生态课堂的评价的目的是为了真正实现学生的自由、健康和发展，其评价方式应该是多元化的，而非是单一性的。评价的主体、手段、目的均由单一向多元化转变，注重结果评价与过程评价相结合，量的评价与质的评价相结合，外部评价与自我评价相结合，尽可能地给学生全面客观的评价，从而避免由单一评价造成的片面性和主观性。

3. 发展性评价

相较于传统的终结性评价，生态课堂观认为评价的发展性功能主要集中于对学生的健康、自由与发展进行良性促进。传统的课堂评价过多地集中于学生掌握知识的量、智力提升程度等以知识为重点的评价，而生态课程的评价则应对学生的整体发展与身心和谐状态进行重点关注，是以学生的综合发展为中心的评价。生态课堂的发展性评价不仅沿袭了传统教学评价模式中对学习知识与技能的获得性情况的评价，而且对学生的学习过程、方法以及学习中的价值观与生活能力发展等方面均更为关注。

第五章　基于教育生态化的英语教育教学模式构建

教育教学模式是教师根据教育规律进行合作以实现特定的教育目标，营造良好的教育环境，提高学生的学习效率并强化学生的学习效果的教育范式。生态教育模式在课堂教学中运用生态学的原理和方法，充分调动学生的积极性和主动性，使学生能够平等且有意识地参与课堂活动，成为师生之间、学生与学生之间的一种新型的、和谐互动的教育模式，在此之下的教育环境促进了学生的全面发展。

第一节　英语教育的教学模式论述

目前，大学英语教育教学模式有如下几类。

一、现代教育技术与大学英语课程教学的融合模式

随着高等教育改革的深入，本科人才培养的改革不断深化和完善，不少高校修订了人才培训计划，调整了大学英语课程，还有不少高校管理者则提出了要打造更高水平的大学英语教育。这给大学英语教育的基层管理人员和一线教师带来了前所未有的挑战。在倡导和确保大学英语已有教学水平的同时，课堂教学改革成为大学英语教学改革成败的关键。目前，大学英语教师的工作量越来越大。由于一线教师可以使用更多优秀的教材和出色的教学资源课件，许多教师在上课前很少或根本不做准备，过分依赖信息技术教学资源的支持。在这种背景下，大学英语教育改革应充分利用教师的主观能动性，促进现代教育技术与大学英语课程教育的融合，积极探索与信息化时代发展相适应的教育模式和教学方法，优化教育设计。为了有效地进行课堂教学，

还有必要加强网络自学中心的建立，以确保学生个性化学习的有效性。

近年来，促进现代教育技术与大学英语课程教育的融合，成为大学英语课程教育教学转型的重要体现。这些变化不仅在教育理论和教学技能上得到了体现，而且在课程理论（尤其是教育设计）方面对于深化大学英语教学模式改革和提高大学英语教育有效性的重要性也给予了重视。这些变化包括教育语言学这一教育和语言科学的跨学科研究领域的出现。教育语言学是语言教育的科学，它以教育为媒介，以语言为教育对象。深化大学英语课堂教学改革，有必要充分了解学科特性，运用现代教学思想和理论指导课堂教学，充分利用现代教学技术，提高课堂教学效率。

二、基于计算机与课堂的大学英语教学模式

从 21 世纪初开始，随着大学英语网络教育改革的加强，国内大学纷纷建立了大学英语网络自学中心，实施了基于计算机网络的大学英语课堂教学改革，以及基于计算机和课堂的大学英语教学模式。这一模式鼓励形成学生的个性化学习方法和发展学生的独立学习技能。教育部于 2007 年发布的《教学要求》明确提出了一种基于计算机和课堂的多媒体教育模型，促进了现代信息技术与大学英语课堂教育的融合，促进了大学英语网络自学中心的建设，有效提升了大学英语教育的质量。信息化教学资源和教育平台的开发与共享促进了教育观念的根本变化，促使大学英语教育改革出现了新的浪潮。

计算机和课堂英语教学模式是《教学要求》发布的一种新的教学模式，强调个性化教学和自主学习，充分利用计算机网络技术来帮助学生加强语言技能，并为教师提供课堂教学指导。结合起来，使学生可以做到在教师的指导下，根据自己的特点、水平和时间，选择合适的内容和学习方法，并利用计算机网络通信技术快速提高英语的综合应用能力。

但是，对于基于计算机和课堂的多媒体教学模式，学术界仍有很多声音。这些观点可以说仁者见仁，智者见智。

对于教育模式的概念，不同的专家会给出不同的定义。各种教育模式必须根据特定的理论进行指导，必须完成规定的教育目标和内容，必须有一系列的教育活动、方法和策略。教学模型显然涉及特定的教学方法和教学策略，但与特定的教学方法或教学策略并不完全相同，而是指在教学过程中两种或

多种方法或策略的稳定结合与应用。为了在教育过程中达到预期的效果或目标，通常必须使用各种方法和策略，并且当这些方法和策略共同作用以实现预期的教育效果或教育目标时，它才能被称为有效的教育模式。

基于计算机和课堂的大学英语教学模式不仅限于计算机辅助的课堂教学，还包括基于计算机和互联网的学生的独立学习。目前的大学英语教育改革使大学英语在线自学处于非常重要的地位。在线自学有助于学习者反复进行语言学习，尤其是听力和口语学习。除了教师的课堂指导，学生还可以根据自己的特点、水平和时间选择合适的学习内容和学习方法，并使用计算机快速提高综合英语应用能力，以更好地学习英语，取得预期的学习效果。但是，基于计算机的大学英语自学不能替代大学英语课堂教学，相反，教师必须充分利用有限的课堂时间，积极探索计算机技术与课堂教学的融合，有效提高课堂教学效率。

不同的教育理念改变了基于计算机和课堂的大学英语教学模式，不同教师的教学技能在其中也产生了巨大的影响。当前，大学不仅在加强英语教学的技术条件建设，而且还在寻求基于计算机和课堂的具有校本特色的大学英语教学新模式。在课堂教学中，教师充分利用最新的信息技术，研究如何通过多媒体等手段优化学习者的语言输入和输出。在基于计算机和课堂的大学英语教学实践中，一线教师从多种学科理论入手，应用例如语言学、教学方法、教学技术、语言和教育生态学，或者结合不同学科理论的特点，参与到教育模式课堂教学改革的过程中，并取得了丰硕的教学改革成果。

在普遍认可信息技术和大学英语教学融合的同时，一些专家也提出了非常尖锐的问题，特别是“强调技术而忽视教育”和完全依赖基于计算机和课堂的多媒体教学模式的倾向。秦秀白教授针对大学英语教学中出现的备课就是做好 CAI 课件、PPT 可以取代板书、眼球效应等同于教学效果、教学就是表演、以 group work（小组活动）替代 close reading（仔细阅读）、teach（教）就是 amuse the students（哄学生高兴）等各种认识误区和不良倾向，提醒大学英语教师警惕课堂教学娱乐化，认真实施有效教学。

第二节　英语教育教学模式的特征与定位

外语教学方法是在外语教学实践中，经过人们长期的反复探索、不断总结而形成的一系列行之有效的教学方法。一种良好的教学方法，可以为外语教学和研究的进一步发展打下基础。在英语教学中，我们采用几种有效的教学方法并在英语教学实践中应用，总结出英语课堂教学实践中应根据学生实际情况采取多种教学手段传授知识，注重能力的培养，提高外语教学水平。在近几年的英语教学实践中，一点点地从传统的单一讲解教学法中解脱出来，在英语课堂教学中充分使用以学生为中心的教学法、任务教学法、内容型教学法等多元化手段传授英语知识，收到了较好的效果。

一、以学生为中心的有效英语教学模式

有效英语教学模式以传授与某专业有关的英语语言知识和技能为目的，在教学上注重为学生提供更多的机会参与以英语为媒介的课堂活动，有效锻炼学生的交际能力。强调运用“以学生为中心”的真实任务和活动来实施课堂教学，教师在带领学生进行听、说、读、写训练时，要着重坚持这一点。在开展英语教学的过程中，要把培养学生的交际能力、团队合作能力、思维创新能力、口语能力放在第一位。结合社会工作单位设置岗位的职责，教会学生根据社会需要来学习，充分拓展学生的思维能力、表达能力、应变能力、创新能力和科研能力。因此，高校英语教学应该注重理论知识的实用性。高等教育学校开展教学的整个过程，都要矢志不渝地坚持以学生为本的理念，充分利用教育资源为学生营造良好的学习环境，激发学生的学习兴趣，帮助其形成自主学习意识和开拓性创新意识。教师们也要充分发挥自己的带动作用，做好学生的指路明灯，向其提供学习方法，帮助其解决学习难题。在使用以学生为中心的有效英语教学模式的时候，可以从以下几个方面入手。

（一）以学生为中心充分运用情境式教学

高校对学生的教学主要是通过课堂教学来实现，课堂教学的效果不管是比较好还是不太好都会影响到学生对语言的学习情况。学校必须根据学生的需求来开展教学，这个教学目标不能动摇，最直接的反映是英语教学应该坚持“以学生为中心”。这样一来，对教师的要求必然会更加严格，他们既要安排多种多样的课堂教学活动，还要依据不断变化的课程需求、学习者参差不齐的语言能力，设置丰富多彩的课堂学习任务，让学生“action learning”。

教师要不断激发学生的学习热情和参与兴趣，变主导角色为辅助角色。

在设计课程内容的时候，教师要全力坚持传播教学内容，根据教学内容来设置特定的场景，充分调动学生的五官，带动学生多看、多听、多说，可以让学生进行角色扮演，表演出课文里面描绘的情境，让学生感觉像是在真实参与一样，为学生提供发挥想象力的广阔空间，对学生加强训练，帮助他们不断提高运用语言知识和获得语感的能力。这样的课堂实践，为教师和学生产生互动提供了机会，为激发学生的学习兴趣做出了极大贡献。除此以外，教师还可以用带领学生进行案例分析、项目研究、情景模拟和小组讨论等方式来开展教学，这些形式对英语教学非常有益。

（二）利用多媒体技术营造语境

大学英语课堂教学不同于初高中英语课堂，它不再局限于某一主题内容的教学，而是要在主题内容上进行拓宽、延伸，为学生提供更多、更广的信息资源，优化学生的知识结构，而这在有限的课堂时间中是不可能完成的。随着科学技术的不断发展，计算机技术的普及为大学英语教学提供了先进的教学设备和素材，大学英语教师要充分发挥多媒体技术的优势，利用多媒体技术来提高高校英语课堂的教学效率。多媒体教学不仅可以通过图片、文字、音视频等为学生展示丰富的信息知识，同时还可以利用插图、图表、案例将原本复杂的知识内容直观简洁地呈现，便于学生的理解与掌握。

大学英语的课堂教学目标就是培养和提高学生的语言综合应用能力，这就体现在对学生听说读写能力的培养上，而学生听说读写能力的培养离不开大量的语言输入和一定的技能训练，只有让学生在了解和掌握了更多的语言知识的基础上，加以反复操练和实际运用，才能将理论的语言知识转变为自身的语言技能，以实现教学目的。因此，大学英语教师应想方设法为学生创设目标岗位的实习环境，建立仿真语言学习情境，让学生在虚拟的岗位工作中，体验岗位环境的英语语言应用，认识到未来岗位的知识和技能需求。此外，教师还可以利用多媒体教学为学生提供国外旅游的导游过程资料，以视频或音频的形式呈现给学生，引导学生在听完后对一些简单的句子进行翻译，以此来锻炼学生的听说能力。多媒体教学为学生营造出了一种轻松愉悦的学习氛围，充分调动了学生的学习积极性，让学生在虚拟的岗位环境中感受和掌握未来岗位所需的语言应用技能。

高校应为学生建设语音实验室并引进先进的全数字语言学习系统，为学生的课外拓展练习提供物质基础，使学生在真实的语境模拟中进行听力训练等其他语言技能的练习，同时全数字语言学习系统还设计了语言游戏功能，让学生在游戏中学习与掌握语言知识和技能，能充分激发学生的学习兴趣，使课堂教学变得生动有趣。此外，网络的普及为大学英语教学提供了丰富的信息资源，利用网络开设英语聊天室，让学生们在虚拟的网络世界里进行交流与互动，大大地提高了学生的学习热情，学习效果不言而喻。高校还可以借助网络实现学生、教师和企业的直接联系，让学生在真实的就业环境中有针对性地学习英语语言，这样不仅可以提高学习效率，也可为学生的未来就业打下扎实的基础。

（三）结合专业英语提高课堂教学效率

对于高校本科生来说，专业英语的应用能力是非常重要的，它是学生能更好地适应未来岗位的基础和关键。因此，大学英语教师在进行基础英语教学时，有意识地融合、渗透相应的专业英语，使学生在专业实践中提高自身的语言应用能力，让学生不再仅仅作为理论知识的被动接受者，而是主动地运用理论知识来提高自身的综合素养，并结合有效的学习方法以提高学习效率。教师可以从以下几方面来融合专业英语教学：①教师可以选用基础性的、具有代表性的专业文献作为学生的课外阅读材料，使学生借助于词典或者网络来理解其中心大意。②教师可以引用专业性较强的图片、道具，以及创设专业性教学场景，使学生了解专业岗位的语言能力需求，以便有针对性地学习英语知识和技能，满足未来岗位的职业需求。③对于一些句子较长、结构复杂的专业英语材料，为便于学生理解，教师可以运用基础英语将其简化，使学生更加容易理解和掌握。以旅游英语教学为例，教师可以引导学生先利用基础英语简单地描述学院的建筑、风景，使学生有了一定的概念后再进行更深层次的学习。这样的循序渐进不仅可以提高学生的学习兴趣，同时也符合学生学习的心理，使学生更容易接受。④让学生联系生活，从实际生活中发现问题，并借助于实际生活来解决问题。还以旅游教学为例，当学生掌握了一定的旅游专业英语知识后，引导学生进行校内现场导游，在描述建筑和风景时结合专业英语词汇和句型，将理论知识与实践相结合，以锻炼学生准确使用语言的能力。

二、任务型教学模式

20世纪80年代，外语教学研究者在交际教学的思想基础上，通过深入研究和实践，提出了一种新的语言教学模式——任务型教学，直至发展到现在，任务型教学已成为一种具有重要影响力的教学模式。

（一）任务型教学模式的含义及特点

1. 任务型教学模式的含义

任务型教学的实质就是将语言运用的基本理念转变为课堂的实践教学，学生在完成学习任务的过程中，体验和感知任务学习带来的真实感，在共同协作下实现任务目标后，体验成功带来的满足感。任务型教学模式以人为本，坚持在实践中学习与成长，以提高学生的语言应用能力，从而顺利开展语言交际活动。

任务型教学模式中的任务分为教学任务和真实任务两种：教学任务指的是课堂时间内的学习活动；而真实任务指源于日常生活中的各类事物。任务中所涉及的问题并不是单纯的语言知识问题，而是借助于语言知识以达到完成任务的目的，有利于帮助学生提升语言交际能力。

2. 任务型教学模式的特点

对于任务型教学模式，很多教育专家学者持有的观点是，它是交际法的一种新的形式，是交际法的延伸利用，并不是交际法的替代物。持这种观点的代表有纽南（D. Nunan）、约尔登（J. Yalden）等。这种教学方式的重点是带领学生积极参与教学活动，学生需要努力完成任务，这些任务在真实工作中都将会遇到。设置这样的模拟训练，为学生灵活运用英语提供了平台和机会，但是这样的训练又不仅限于锻炼学生的英语交际能力，更多的是希望全方位地培养学生，促进其提升运用英语的综合能力。任务型教学模式强调设置的任务要来源于真实生活，必须保证其真实性和现实性，以此来弥补以功能为基础的教学活动中存在的真实性不足的问题。学校设立这种教学模式是要求达到一定效用的——既要对学生学习语言知识有利，又要对学生掌握语言技能有利，还要能够切实地帮助学生提高综合语言运用能力。

（二）任务型教学模式的可实施性

1. 教学内容的设定

高校在应用任务型教学模式开展英语教学活动的时候，必须注意以下几点：第一，需要明确教学任务的目标。这个目标需要学生花费一定的时间和精力去完成，而且只要学生足够努力便可以完成。它可以帮助学生建立学习英语的信心，具体设立可以让学生去解决一些生活中会遇到的实际问题，或者安排学生进行某一项写作技巧训练，等等。第二，在教学过程之中所使用的材料内容要保证真实可靠。当学生步入社会从事工作的时候，可以做到学以致用，能够运用所学语言知识进行顺畅的沟通。这就需要学校在设定情境时，营造一种自然、真实的氛围，让学生去体会语言的功用，不单单是学习教材内容，还要学习超出教材更实用广泛的知识。第三，还可以在教材内容的基础上组织一些丰富多彩的教学活动。设计任务的时候要遵从由容易到困难、由小到大的原则，注意前后的关联，逐步深入。当然，任务不能都是同一水平，也不能一成不变，需要从初级向高级转化，然后再由高级向低级转变，循环往复，还可以用多个微型任务串成一个任务链条，让学生像玩游戏一样，通过不断取得阶段性胜利，提高学习兴趣，最终完成学习目标。

这种教学模式，主要是以学生为中心，在充分了解学生各自的英语水平的基础上设计不同的教学任务，安排不同的活动任务，整个过程要贯彻以学生为本的理念，激发学生的学习热情，引领学生参与各种活动，充分调动学生的主观能动性，安排学生以小组的形式组织练习以完成任务，提升学生的团队凝聚力和协同作业能力。在这个教学任务的完成过程之中，学生要不断自我反思，在自省过程中可能会悟出一些规律，这会使学生的思维更加开阔，充分带动学生的学习积极性和主动性，在帮助学生提高发现问题和解决问题的能力方面起到突出作用，有利于提升学生的认知水平，也有利于增强学生与他人相处的合作精神和参与意识，并且可以让其乐在其中，通过完成任务获取成功的喜悦，实现自我的价值。

2. 任务设计的原则

首先，要结合社会实际选择真实的情境，保证任务的功能性。因此，开展教学的时候要注意采用的教学材料和情境都要取材于现实生活。同时，要注意真实不是绝对的，它是一个相对的概念，这些材料可以来自课堂教学的教材，教师们需要结合这些教材建造一个新的语言环境，让学生运用自己学到的知识点去解决可能会遇到的实际问题。教师要花费一些精力来设置具有真实性的事件或情境来带动学生完成动力性的任务，激发学生的学习热情。这种方式是非常有实效的，它既可以让学生使用新学的内容解决特定情境下的问题，还可以让学生使用曾经学习过的语言知识和已经掌握的方法去进行社会实践，以此探索英语的运用规律。现阶段，高等院校的学生普遍面临一个困境：就是学习的是英语，但是自己的语言环境是汉语，那么即使学生们掌握了英语的读写技能并且熟知英语的对应含义，还是不能够顺畅地表达，也没有场合或者情境来发挥英语的功用。所以，任务教学在设计的时候既要坚持真实性原则，也要坚持功能性原则，让学生们通过完成任务可以多层次、全方位地了解语言形式和功能的关系、语言和语境之间的关系，对语言得体性形成深刻的认识。

其次，任务的设定要具有连贯性。纽南曾提出过“任务依属原则”，即课堂上的任务应呈现“任务链”或“任务系列”的形式，每一项任务都以前面的任务为基础或出发点，后面的任务依属于前面的任务。换言之，一堂课的若干任务或一个任务的若干子任务应是相互关联的，具有统一的教学目的或目标指向，同时在内容上相互衔接。这样的任务系列构成了一系列教学阶梯，使学习者能一步一步达到预期的教学目标。

最后，高校设定教学任务时要注意协调其实用性、可操作性和趣味性三者的关系。随着时代的不断发展，语言教学若只教语言基础是无法满足社会需求的，一定要紧跟时代步伐，大力加强对学生语言应用能力的培养，特别是在日常的或者涉外的业务活动中，要让学生学会灵活运用英语来解决问题。所以，高校教师们在设置任务时，不能单纯地为设置任务而设置任务，要贴合学生未来参与工作的内容和现在所学专业的特点来安排教学任务和内容，多组织学生进行个体活动，在课堂有限的时间内充分利用空间，尽可能地为学生们提供互动的机会，引领他们进行交流，为实现教学目标而努力。但是学校的课时是有限的，要想将所有的教学任务都付诸实践是非常困难的，因此当教师设置教学任务的时候就要注意减少环节过多、程序过于复杂的课堂任务，在有需要的时候要注意为学生提供完成任务的方法和实际操作的方式。实施这种教学方法有很多优点，其中非常突出的一点就是可以在授课时利用提前设置好的交际活动引导学生参与其中，不断激发他们的主观能动性，燃起他们的学习热情。所以，要设置灵活、有趣的教学内容，尽量做到丰富多彩，绝对不要采用机械的、呆板的教学方法。

3. 任务型教学法的基本原则与教学过程

任务型教学法是指“将任务置于教学法焦点的中心，视学习过程为一系列直接与课程目标联系并为课程目标服务的任务，其目的超越了为语言而练习语言”，即一种将任务作为核心单位来计划、组织语言教学的途径。纽南提出了任务型教学法的五条原则：①真实性原则；②形式—功能性原则；③任务相依性原则；④做中学原则；⑤脚手架原则。

教师在开展教学的过程中，要保持对学生的支持态度，关注学生的整个学习过程，帮助他们建立自信心和成就感。整个任务型教学过程被分成了三个阶段，即任务前阶段、任务环阶段和语言焦点阶段。

首先是任务前阶段，在这个阶段需要先进行话题介绍和任务安排，教师会和学生们一起交流，对话题进行深入分析，当涉及实用性较强的词汇或者短语的时候要进行重点介绍，教会学生识别任务指令，安排学生做好任务准备工作。在此阶段，学习者会感到非常充实，因为这个过程主要是通过熟悉的话题来学习新的词语和短语，了解学习任务的主题和相应的背景知识，这将对学生提升认知能力发挥举足轻重的作用。

任务、计划和报告共同组成了任务环阶段。教师不需要对学生进行指导，学生要自己做计划，自己找合作人组成团队来完成任务。但是教师要核验学生的任务完成情况，学生要在全班同学面前进行汇报，采用的形式多为口语表达或者书面总结，介绍自己完成任务的过程以及在过程中发现了什么和做过什么样的决定，然后再以小组形式在全班面前进行汇报，或者这些小组之间互换书面报告、互相评分，最终得出大家完成任务的结果。在这个汇报的过程中，学生们对课上时间拥有充分的掌控权，可以尽情地进行语言表达，但要注意语言的流畅简洁，准确性可适当放宽，因为交谈的时候语言使用就相对比较随意。

语言焦点阶段包括分析和操练。分析文章时，会发现一些语言非常有特点但同时又比较难学。这时候，教师需要充分发挥引导作用，对其进行详细解释，在解释进行中或者结束后，教师还要带领学生练习这些困难的词语或者语法，给学生建立起语法系统很重要的意识。要提前让学生了解这个阶段的目的：让他们更好地学习语言，形成知识体系，能够发现语言的特点、掌握语言的规则。

一些任务型教学提倡者的观点是，想要熟练地掌握语言，最好的方法就是给学生安排各种任务，让他们去做很多事情，让学生在完成任务的同时不断使用目的语，从而逐渐掌握目的语。这时候学生要做的事情主要是把全部精力放在语言表达上，使用已经掌握的语言结构和词汇来恰当表达自己的意见，和对方顺畅交换信息。任务型教学追求的是给学生提供大量的、尽可能丰富的内容，让学生明确自己的学习目标，并在交际过程中，合理分配注意力，从而使语言得到持续、平衡的发展。

（三）任务型教学法的优缺点

1. 任务型教学法的优点

交际法作为任务型教学的基础，以一种批判的形式被继承。两者的区别就在于：交际法是先根据功能—意义来确定教学大纲，进而制定教学目标和教学内容，而任务型教学是根据任务来确定教学目标和教学内容；任务型教学重视外语学习中的语言环境以及对于目的语的输入和输出，还有就是要外语学习者共同进行语言意义的交流和协商，而交际法缺少这些内容，对于有利于学习者语言能力提高的目的语的输入和输出并不重视。任务型教学法是通过在教学过程中制定并完成一个个任务来实现的，而这些任务的制定就是为了给学习者提供学习外语的环境和条件。任务制定常常会选择和日常生活密切相关的交际活动，这种非常自然、生活化的语言环境可以让学生在完成任务的过程中互动增多，学习气氛更为融洽，这样一来学生的目的语的输入和输出就会更多，也会有更多假设和验证的机会。这样的学习过程能够有效地帮助学生提高语言能力。

任务型教学法还有一个创新点，就是相较于交际法的功能—意义，创造了形式—功能性原则。也就是在教学过程中，为了让学生和教师都能够明白语言形式和功能之间的关系，设计的任务活动必须将两者结合起来。而从语言结构上来看，任务型教学法对于学生目的语语言形式的掌握并不做过多要求，学生不需要在第一次学习之后就将接触到的语言形式全部掌握，只需要对这些语言形式多加关注，慢慢认识，然后再整理到自己的中介语系统中。在这个过程中，学生的语言能力逐渐提高。也就是说，学生在学习的过程中会循序渐进地完成教师所布置的听说读写语言能力任务，学生经过这些任务的学习会扩充自己的中介语系统，然后逐渐提高语言能力，掌握目的语这项技能。这一教学原则可以打破传统的“一言堂”“填鸭式”的教学方法，让学生通过观察分析任务中的语境，总结出语言规律。对学生来说，为了完成交际任务，学习目标就会变得更加明确，将注意力放在合适的地方，使得其语言能力不断平衡发展。

任务型教学法教学任务的设计思路是根据人的发展来展开的。顾名思义，任务型教学法肯定与任务有着密切的联系，其分析的单位就是任务，教学大纲的制定、教学任务的具体实施，都是以任务为桥梁，桥梁两端分别是语境和语言系统，将以形式为重点的教学转变成以意义为重点的教学。任务型教学法可以使学生在日常生活中，在使用语言的过程中不知不觉地学会语言，还为学生营造了一些有利于他们发现、探索学习的环境，使他们的智力以及认知能力都得到进一步的提高，进而也就确定了在教学活动中学生的中心位置。学生在寻找问题的答案、解决所面对的问题以及攻克问题取得成功时都是通过语言来完成的。让学生掌握语言系统知识已经不再是教学活动的最终目标了，教学活动只是通过语言系统知识来使学生在交际和解决问题等方面的能力得到提高。任务型教学法具有很多特点，如注重合作和沟通，注重过程、学习与运用相结合，同时也特别重视学生的主动参与等，极其真实，所以任务型教学法是外语教学法又一次成功的创新活动，也是外语教学中又一次非常大的飞跃。

2. 任务型教学法的缺点

任何一个教学法流派都是优劣并存，任务型教学法也存在着不足以及许多有待解决的问题。首先，从理论上说，第二语言习得理论是任务型教学法理论的依据，其重点在于语言学习的意义。尽管语言形式也需要多加注意，可从语法的处理方法上来看，还是主要以教师的经验为主，既不系统也不规范。其次，不管是任务的分类还是选择，抑或是它的排序以及分级等都还存在一定的问题，没有统一的标准。

因此，教学活动的开展要做到行之有效且系统有序的首要原则便是以任务为中心。另外，要加强对课程大纲的研制，认真选择教学的内容以及合理地编写教材层次。

三、内容型教学模式在教学中的应用

内容型教学法通过运用目的语教学学科内容，把语言系统与内容整合起来进行教学。这种整合观是基于一种对语言教学的认识：只有同时给予两者相同的重视，而不是将两者分离开来，才能促进两方面同时发展。而运用目的语教学学科内容可以较理想地达到整合这两个方面的目的。

（一）内容型教学法的基本原则

内容型教学法的基本原则如下。

1. 教学决策建立在内容上

在设计阶段，不管是教材的编写者还是语言课程的设计者都会遇到该如何排序以及内容要如何选择这两个问题。过去的教学方法包括听说法、语法翻译法等，它们是以语法的难易度为依据被编写的。像学习起来较为容易的一般现在时，相对于其他时态而言，在教材的编写上以及教学的过程中都会占一定的优势，因而以此为原则，在教材的编写过程中以及教学时都会将简单易懂的知识点置于初级阶段。但内容型教学法则打破了传统的教学方式及原则，将内容设为教学过程以及教材的编写排序的基础。

2. 整合听、说、读、写技能

过去的教学法通常是以分离的、具体的技能课为主，从形式上说，就好比分成语法课、写作课、听说课等来进行教学。内容型教学法试图在整合听、说、读、写四项基本技能的同时，将语法和词汇教学包含于一个统一的教学过程之中。语言交流的真实情境，以及语言的交互活动涉及多种技能的协同，由此派生了这项教学原则。同样，内容型语言教学反对在课堂上主张先听说、后写作的教学顺序。它没有固定的、一成不变的技能教学顺序，相反，它可从任何一种技能出发。可以看出，这一原则是第一个原则的引申，是内容决定、影响教学项目的选择和顺序原则的具体表现。

3. 教学的每一个阶段都要求学生积极、主动参与

交际法这一授课方式出现后，授课的关键便由教师变成了学习者，此授课方式的核心标准之一即为“做中学”。任务型授课方式比其进步的一点是，重视学习者要在实现学习目标的过程里开展创新型及研发型的自主学习。同理，内容型授课方式比其进步的一点是，关注学习者在加入学习的过程中踊跃自主地进行学习。提倡内容型授课方式的研究人员表示：语言知识方面的学习最好让学习者遵循教师教授的语言知识；学生亦能够和同窗、伙伴在交流与沟通的过程中得到许多的信息。所以，在课堂上的互动交流、价值商榷、数据采集与价值构造的过程中，学习者扮演着主动的角色。就内容型授课方式而言，学生能够扮演多角度的人物，如聆听的一方、接纳的一方、配合的

一方、点评的一方、筹划的一方等。如同学生拥有多种角色，教师亦如此。教师可以是学习者的知识来源、目标的制定者、学习行为的指挥人、管理者及推动者，以及进行学习行为点评的人员等。

4. 学习内容的选择与学生的兴趣、生活和学习目标相关

内容型授课方式指两个教师对于同一类的知识点从不一样的角度去授课，进一步体现不同授课方式的效果。内容型授课方式在授课知识点的择用上关键取决于学习者的需求及授课空间的氛围与条件。授课的知识点在授课课程中开展。所以，外语的授课素材能够源于学习者的其他课程，比如语文、自然、地理科目里的知识点。学习者能够自主地去选择要学习的“毗邻”语言方面的课程。就授课条件而言，授课的知识点能够依据学习者的学习需求及自身的爱好来择用。但实际上，因为比较难明确什么知识点是大多数学习者迫切需要并喜欢的，课程的编撰人员、应用人员皆不容易掌控好此点；同时，因为知识点的每一部分教授起来周期都较长，教师拥有许多的时机将知识点和学习者的爱好及学习者自身已掌握的学识综合于一体。所以，学习者喜欢选择的知识点是内容型授课方式达标的关键根基。

5. 选择“真实的”教学内容和任务

“真实”为此授课方式的关键部分。其包含的意思是不仅追求真实存在的知识点，亦追求实际可实现的目标。神话传奇、童谣歌曲、民间传说、历史传说等皆能够当成真实授课的知识点，可将其放在外语课上用作语言方面的学习。同样，任务的真实性也是内容型教学的目标，任务必须与一定的文本情境结合，能够反映真实世界的实际状况。

6. 对语言结构进行直接学习

内容型授课方式提倡把学习者放置在实际的语言沟通环境里，让学习者习得真正交流与沟通的技能。教材模式、教师教授的知识点、学习者间的互动交流和团队沟通皆属于此授课方式的信息来源。此授课方式倡导者认为，单纯的授课方式并不是最好的语言学习方式。

（二）内容型教学法的特点

内容型教学法旨在将学生尽可能地暴露于与他们直接相关或者他们感兴趣的内容之中。由此能够看出，和学生需求相关联并受其喜欢的知识点并非只是学习者平时生活里遇到过的难题，亦包含其所学的其他学科的知识点。

实际上，学习者所学知识点需要外语科学地协调授课，这样便于推进学习者的意识和语言交流与沟通技能的一致进步。那么，此授课方式的关键点是什么？

第一，“内容”能够符合语言授课多角度的需求。其他特点包括：可以给外语授课提供多种多样的授课情境，教师能够应用其进行授课，阐述语言方面的实际特点；再者，事实表明，语言方面学习所成的根基即为具备高难度学习性的“内容”。不管是“可理解性输入”思想抑或“最近发展区”思想，皆重视整体的、具备高难度学习性的、稍微超出学生目前语言水准的学识。所以，将所学知识点输入放在关键的位置为目前内容型授课方式大众化应用的方向。

第二，此授课方式在内容的选用上，并非将授课的时间当成基础的部分。就实际而言，此授课方式的授课知识点部分大都周期很长，有的为几个星期，有的则时间更长。

（三）内容型教学法的教学模式

目前，内容型教学法主要有以下两种模式。

1. 主题模式

主题模式教学是指在外语教学中，以主题为线索，然后根据主题—话题—细节这样的顺序，引导学生建立一个相对较完整的知识系统，这个知识系统主要是反映主客观世界和社会需求的。

在这种教学模式中，教师所采用的教学形式是主题教学。学习者学习的主科之外的科目就是主题模式教学中主题的主要来源，和学生们的兴趣爱好、日常生活息息相关的内容也是主题内容的来源之一。主题教学的目的就是为了突破现有的教学方法，使教学的内容得以实现，最终使得长期存在于外语教学中的问题及矛盾得以解决。学习语言所表达的意义，这是主题教学模式非常注重的部分，但这并不意味着对语言形式的忽视。通过这些主题的结构，学生们可以接触到很多其他的知识，这些知识大部分都是与社会以及生活相关联的，然后再就一些细节部分进行学习，如单词、短语、句式还有语法等相关知识，将形式和意义完美地融合在一起。

主题模式将学生积极主动的学习和教师的引导结合起来，实现了真正意义上的教与学的统一。在这里面，教师的主要任务就是营造良好的语言学习环境，并正确地引导学生，适时地给予正确的示范。教师给学生分配学习任务，而这些任务的主要内容都是一些认知结构的建构、认知结构的拓展以及认知任务的加深，并且这些任务都是围绕主题展开的，这样学生的自主性就得到了根本的培养。在外语学习中，通过主题模式的教学，学生们不仅能够获得丰富的理论知识，更重要的是一些与社会、交际、文化有关的知识在很大程度上也得到了丰富；在完成教师布置的以话题或者主题为中心的交际任务时，学生的写、听、读等跨文化交际能力都得到了很大的提升，其自身的个性以及素质的发展都得到了全面的发展；学生在积极主动的学习中，能够清晰地认识自我，找到自己的价值所在，进而成功地超越自我。

2. 附加模式

附加模式是指语言教师和学科内容教师同步教授相同的内容，但是他们的教学重点和教学目的不同。

在此之中，语言知识以及将语言的教学目标完成是语言教师教学的重点所在，而如何深刻地理解学科的内容则是学科内容教师的教学重点。比如，以心理学作为教授内容来说，心理学教师和英语教师的教学目标就是不一样的：心理学教师的教学目标是完成心理学学科的内容教学，而对英语教师来说，其目的就是提高学生的英语使用能力。所以，在英语课堂上，学生通过对一些具有一定难度的内容的理解和消化，进而能够快速地理解难度系数更高的内容，再经过语言教师的指导，能够比较快地学会语言。

（四）内容型教学法的优缺点

1. 内容型教学法的优点

内容型教学法中丰富的学科内容能促进学生智力的发展。迄今为止，交际法是最重视外语教学中语言形式和内容密切结合的方法。可是，交际教学法并没有与“内容自由”选择的传统划清界限，它选择教学内容的形式仍然是传统教学法历来采用的语言的功能或者是意念。如此一来，语言就具有双重身份——教学内容和中介，这样就会产生很大的弊端，那就是在课堂上经常会出现短时间的循环现象。同时，这样也造成了教学的中心不固定，时而在具体的语言结构上，时而又到了内容上。但是，教学的内容和思维的模式是要相互对应的。换言之，由语言内容的不同所引起的学生的认知过程也是各异的。如果教学方式太过单调，同时组织教学的原则是语言结构，那么这种教学模式是无法满足现代学生学习过程中认知能力发展需求的。所以，当代的语言教学内容必须是多元化的，内容所涉及的方面也应该更加丰富，这已经成为促进学生认知能力发展的一种优选方案。

时代在进步，外语教学的目的也在不断地变化着，现阶段的语言教学慢慢地变成了促进人类发展的一个非常重要的因素，成为人类思维能力、语言能力发展的条件。通过对沉浸式语言教学进行研究，我们发现，在学习外语时，学生的一般认知技能的发展是很重要的，与此同时，把学生完全暴露在母语环境之中也是非常重要的，可以说二者的重要性不分伯仲，语言能力的获得与认知过程之间的关系非常密切。但是问题的关键在于每一种思考的方式都要求有与之相对应的语言内容，并且这些内容都是各不相同的。所以，首先应将学习者们对于学习内容的兴趣激发出来，进而实现思维和语言能力的共同发展。

让学生的高级学习策略水平变得更高。随着学习进程的不断推进，学生的思维也不断发展，与此同时，他们的学习策略也会相应地得到提升。打个比方，学习推导和找同源词相比较，前者的难度系数要高得多。学习者对于重复、翻译、惯用语等策略，在他们刚开始学习语言时就能轻而易举地掌握，但是，当他们所处的环境中相关内容比较贫乏时，他们就会被不够宽泛的语言结构所限制，在这样的环境中，要想得到发展，如掌握监控、运用、推导等高级策略，是一件极其困难的事。可这些高级策略往往是成功学习语言不可缺少的条件。卡明斯（Cummings）就曾对语言情景和认知难度二者如何影响语言学习进行过比较深入的研究。他的研究表明，如果学习者面对的是认知难度比较大的任务，那么他们就会开发出各种各样的思考方法，情景和任务也是紧密相连的。在实际完成学习任务的过程之中，一旦碰到理解不了的信息时，他们就会第一时间进行反映。在此条件下，语言在发展的过程中得到了很多情景资源以及第二语言特征的支持。这个时候，语言得到了最多的支持。当认知的难度系数下降，情景的难度也降低时，学生在理解语义以及正确解释信息时所依靠的都是语言本身的知识，也只能依靠语言本身的知识，像分析句法结构、寻找同源词等都是非常常用的。学生从情景丰富的语言环境中可以获得非常多的语言、元语言以及超语言方面的材料，这些材料对于学生进行信息加工有着非常重要的意义。学习并掌握母语的必要条件就是有一个语言情景种类特别多而且有一定认知难度的环境。但是这些条件却是我们在实际的外语学习中所缺乏的，教学的效果也就可想而知了。

如果能够提供丰富的材料，那么这些材料必须是有利于语言发展的。语言、元语言、超语言等都是语言发展的有力支撑，所有这些语言方面的情景内容对于学习者提高语言的感知能力和理解能力都有非常大的帮助，进而使得语言的发展速度加快。大量的、各种各样的内容知识对于学生形成良好的学习策略有非常大的帮助，因为重复、翻译、背诵等低级的策略无法跟上现在外语思维能力发展的步伐，要想取得语言学习方面的成功，必须要有高级的策略。除了这些，对内容保持较高的敏感度对于语言背景图式知识的提高也有非常大的作用，同时还能加深学习者对语法、词汇等的认识。在处理这些知识的过程中，学习者的思维能力也得到了提高。就外语教学来说，因为人类的思维是多种多样的，所以其内容必须同时满足人类各种各样的思维模式发展的需要。由此可见，内容型教学法发展语言的方式就是发展一些和语言结构有关的思维技能，因为内容和认知方式的关系非常密切，所以在表达方面就需要采用一些非常具体的概念、观点、语法规则。从内容着手来对外语教学的方法进行改革，不仅可以使认知的难度加大，使学生的思维能力得到发展，还可以使内容变成语言发展的条件，尽可能地使外语教学与语言和人类发展的总体规律相符合。

2. 内容型教学法的缺点

内容型教学法也存在很多的局限性：

（1）缺乏实施内容型教学法的教材。目前，内容型教学法在欧美国家的实践还处于探索阶段。由于内容型教学法包含的方法模式和内容体系相当庞杂，很难形成较为统一的教材。单从教学模式而言，内容型教学法就有主题模式、附加模式和遮蔽模式，每一种模式对教材、教学程序和教师知识结构的要求都不同。要编写容纳多学科内容、符合不同学科内容的教学规律的教材有很大的困难。

（2）缺少能够运用内容型教学法进行教学的教师。与传统的师资要求相比，这一教学法的要求发生了非常大的变化：第一，因为每门学科的内容都是不一样的，因此教师要拥有与学科相对应的知识储备，但实际情况是，能够达到这种要求的教师少之又少；第二，对于教师来说，教学模式的不同给他们带来了很大的挑战，这就要求教师既要具有非常好的外语教学技能，同时还要有比较强的沟通协调能力，以便和其他学科的教师进行合作，这样才能够顺利地完成教学任务。要达到这些要求，外语教师们就要改变他们以前的思维定式，即外语和其他任何一门学科都是一样的，都是独立的学科。显而易见，与其他教学法相比较，内容型教学法对于师资的要求是非常高的。

总而言之，丰富的学习内容的意义是非常重大的，它是文化传播的载体，是语言发展的必要条件，同时也是人类思维发展不可或缺的一个部分。现代外语教学要充分地认识到这一点，要以丰富的学科内容作为教学的出发点。语言内容与语言意义之间的矛盾由来已久，为了协调二者之间的矛盾，创造新型的内容型教学模式势在必行。这样，人类的整体发展可以得到提升，传统的教学方法偏向于语言而忽略内容的做法也能够得到根本性的改变，之前的“为教语言而教学”“为工具性目的而教学”的教学法定位也得到了彻底的改变，真正地走向了“为人的整体发展而教学”。

第三节　英语教育生态化教学模式的构建

英语教学的主要目的是使学习者能够流利地使用该语言，以达到交流的目的，并将更多的英语应用成果反馈给社会。在不断变化的社会和国际环境下，改革大学英语教学模式已成为提高英语人才素质的重要途径。本节分析分级教学模式、模块化教学模式、研究性学习教学模式和网络教学模式，从这几个方面来讨论与英语教学模式改革有关的主题。

一、分级教学模式

所谓“分级教学模式”，是指根据学习者的学习水平和学习潜能将学习者分为不同的层次，并相应地开展教育活动。因此，分级教学模式体现了一种根据学生的才智进行教学的教学理念，其最终目标是使不同层次的学习者都能有所发展。

1. 分级教学模式理论

教师根据科学教育理论（包括“i+1”语言输入假设理论、学习迁移理论和掌握学习理论）开发了分级教育模型。这些理论在下面解释。

（1）“i+1”语言输入假设理论。分级教学模式以克拉申的“i+1”语言输入假设理论作为重要的理论基础。该理论对分级教学模式的影响主要表现在两个方面：

在课程理论方面，“i+1”理论不仅关注知识的获取，而且关注学习者如何获取知识。特别是该理论强调学习必须经过循序渐进的步骤、方法和过程，这是分级教育的本质。

在教学实践方面，分级教学根据学习者的性格、动机、态度、认知方式、语言能力等方面的差异设置不同的教学目标、要求和方法，从而满足“i+1”理论的要求。

（2）学习迁移理论。学习迁移是指学生的学习经验对当前学习的影响，通常包括两种影响：当以前的学习经历促进学习时，它是一种正向传播；相反，当它作为一种抑制或干扰时，是一种负向传播。

奥苏伯尔的认知结构理论认为，学习者心中的知识结构是一种认知结构。当学习者吸收新知识时，就内容和构成而言，原始认知结构的特征就是认知结构变量。奥苏伯尔提出了三个影响新学习的认知结构变量，通过操纵和改变这三个认知结构变量，可以进行新的学习和运动。根据奥苏伯尔的认知理论，将具有相同原始知识水平的学习者放在一起组织他们的教育。也就是说，通过采用分级教学模式，可以促进学习的积极传递并获得更好的教学效果。

（3）掌握学习理论。美国教育心理学家 B. S. 布卢姆精通学习理论，认为学习者表现不佳并不是由于缺乏学习的智慧，而是由于缺乏完善的设施和合理的帮助。当提供适当和合理的学习条件时，大多数学习者的能力、速度和动力都非常相似，从而使大多数学生达到课程目标所规定的掌握标准。因此，采用分级教学模式可以为具有不同潜能的学习者提供个性化的教学方法，使他们可以最大限度地发挥潜能。

2. 分级教学模式的原则

分级教学模式应遵循特定实施的某些原则，主要包括渐进式进步的原则和根据学生的能力进行教学的原则。

（1）渐进式进步的原则。渐进式进步的原则意味着，在传达知识时，教师不仅要尊重知识的内在规律，而且还必须采用该级别的学习者可以接受的教学形式。分级教学模式允许教师根据学习者的英语知识体系进行教学，并为他们采用适当的教学方法，从而使学习者逐渐提高他们的语言技能。

（2）根据学生的能力进行教学的原则。所谓的能力教育意味着教师必须从学习者的实际出发，进行符合目标的教育。

由于学习者自身的环境、能力和实践的差异，他们之间可能存在某些不同。近年来，招生政策的扩展使越来越多的学习者获得了接受高等教育的机会，但学习者的英语水平差异是不容忽视的。在这种情况下，如果英语水平不同的学习者没有被充分考虑到这种差异并被置于同一班级，则水平较低的学习者会倾向于无法负担较高的学习难度，而水平较高的学习者则倾向于难以满足学习需求。这种情况将会导致教育资源的巨大浪费。分级教学模式可以识别学习者之间的个体差异，并为学习者提供适合其需求的教学条件，以实现理想的教学效果。

3. 分级教学模式的实施

分级教学模式的实施可以从以下几个方面入手。

（1）合理科学的分类。分级教学法并不要求所有学习者都实现相同的目标，而是需要针对不同的水平制定不同的教学目标。因此，合理科学的分类是分级教学模式取得实际成果的前提。

为此，必须采用科学的评价标准。特别是在《教学要求》的所有要求上，都需要根据实际情况来组织学生进行能力测评，并注意区分级别。能力测评应考虑评分结果、个人实际水平和个人意愿等因素。

在某些教学实践中，将学习者分为两个级别更为有意义：A 级和 B 级。此外，可以利用周末来组织课程，以减轻 B 级学习者的心理压力并调动其积极的学习情绪。这样，B 级学习者可以尽快达到 A 级学习者的水平，并在同一起跑线上竞争。

（2）提高分类度。高考的英语考试成绩是许多大学评价学生的重要依据。但是，由于几分甚至一分之差，经常有一些学习者无法进入 A 级课程，而这点差距往往很难证明学习者英语水平的差距。因此，为了增加分类的区别性和合理性，在分类过程中可以听取学习者的意见，并且可以双向选择。学习者通常会更好地了解他们的实际英语技能和兴趣点。从被动接受到主动选择的过渡可以增强学生在教学中的主体地位，并在随后的学习过程中增强自主学习热情。

（3）实施提升调节机制。实施提升调节机制是动态地管理学习者的学习水平，以使学习者的水平随着学习兴趣、成果和能力的变化而变化。具体来说，B 级学习者正在取得进步，当他们达到 A 级时，教师可以将他们提升为 A 级并继续促进学习者的进步。如果 A 级学习者的学习成绩不及格，教师则可以将其降为 B 级并施加适当的压力促使其努力。

升降级的调整必须坚持选择和自愿结合的原则，并且必须在一定范围内（而不是经常）进行定期调整。

（4）建立科学的评价标准。在分级教学模式下，应使用不同级别的、难度不同的试卷，但这很容易引起不良现象。也就是说，英语水平高的学习者的英语成绩因为使用的是难度更高的试卷所以要比一些低水平的学习者更低。因此，可以采取一些方法以改善学生能力测评的科学性：①将综合评估和过程评估结合来确定最终分数。一种特定的方法是增加过程成绩在总体成绩中所占的百分比。②根据每个等级试卷的难易程度，设置科学系数，并通过加权算法对两个等级的分数进行宏观调整。

（5）避免负面影响。一切事物都有长处和短处，分级教学模式也不例外。作为英语教学改革的一个新的切入点，分级教学模式将不可避免地产生负面影响，如复杂的操作流程、烦琐的出勤管理、学习者的不良情绪以及归属感的降低。如果不及时解决这些问题，它们将阻碍分级教学模式的发展。因此，教师需要制定系统规范并根据他们所面临的挑战及时进行调整，以最大限度地减少分级教学模式的副作用并最大限度地提高其效益。

二、模块化教学模式

模块化教学模式是大学英语教学改革的重要组成部分。作为一种系统组成的教学模式，它以大学英语教学为整体，分为知识、技能和扩展三个模块，旨在逐个学期进行针对性的教育，最终提高学生的综合语言运用能力。

1. 模块化教学模式的定义

随着英语教育改革的推进，英语教育体系发生了巨大变化。英语教育朝着能力、技能、多元化和信息化的方向发展。在这一过渡时期，出现了一种英语模块化教学模式，在一定程度上反映了大学英语教育的时代发展要求。

所谓的模块化教学关注的是学生的能力和素质，它强调教学方法中知识和能力的整合以及学习方法中知识和行为的一致性。模块化教学模式提倡提高学生的素质和特定技能，并注重理论、技能和实践的结合以实现教育目标。

大学英语模块化教育可以丰富英语课程并实现课程的多样化。同时，针对学生的模块化教学形式可以通过丰富的课程提高学生学习英语的兴趣，并调动他们的学习热情。随着现代科学技术的发展，英语教学课程的可调整性越大，就越能适应社会形势。采用模块化教学可以使英语教学在一定程度上满足时代的发展需求，并提高人才教育的现代化。

2. 模块化教学模式的发展

如果分析《教学要求》，会发现英语水平划分有着不同的要求。在这些多层次的要求下，大学英语教育很难在整个教育过程中将所有的学生都培养为优秀的英语人才。英语模块化教学模式提倡在一定时期内有目标地对学生进行教育，阶段性地满足教育要求。

模块化教学模式是对整个教育系统的管理，因此实施过程需要教师的科学设计。李晓梅、罗桂保等学者对大学英语模块教学中的模块分类进行了划分，如表 5－1 所示。

表 5－1　大学英语模块教学中的模块分类

基本分类	更细的模块分类
知识模块	语音模块
	词汇模块
	语法模块
技能模块	听说模块
	阅读模块
	写作模块
	翻译模块
扩展模块	各门外语类选修课
	第二课堂活动

下面以扩展模块为例分析模块教学模式。扩展模块主要用于扩展学生的能力，学生可以参加各种形式的课程。具体来说，可能包括以下方面。

模块 1：开设专业英语的后续课程，包括时事新闻、商务英语、旅游英语、经济英语、法律英语、商务信函英语写作、实用英语写作等。

模块 2：提供基于技能的实用英语后续课程，包括日常英语口语、高级英语口语、听力、视听力、高级写作等。

模块 3：建立基于跨文化知识的英语后续课程，包括介绍西方文化、常识、思维方式、民俗、礼节、历史、教育和宗教等，并比较中西文化，进行跨文化研究。

模块 4：提供欣赏课程，包括对电影、音乐、神话、小说、诗歌、散文、演讲等的欣赏。

模块 5：提供全面的考试课程，包括深入学习通用英语、研究生入学考试英语、雅思和其他海外考试培训等。

上述模块基于学生和社会的需求，旨在语言实践，以便学生通过实践提高英语水平、语言技能、文化认识、专业信息的获取以及语言表达能力来适应社会需求。这种扩展模块设计满足了学生对大学英语教学的需求，并建立和完善了与传统大学英语教学系统完全不同的大学英语扩展模块系统。

三、研究性学习教学模式

教育部2007年提出的《教学要求》指出，改革教学方法的目标之一是为学生形成个性化学习方法，并促进学生自主学习能力的发展。因此，有必要充分利用网络资源进行大学英语教学。进行基于研究的学习，符合大学英语教学改革的总体要求。当前大学英语研究性学习是大学英语教学改革的普遍趋势，是培养创新型人才的有效途径。目前，许多大学正在推广和实施该种教学模式，并取得了良好的教育效果。

1. 研究性学习的定义及其教学模式

在20世纪50年代和60年代，芝加哥大学的约瑟夫·J. 施瓦布教授在《作为探究的科学教学》的演讲中首次提出了研究性学习的概念。他认为，学生的学习过程与科学家的学习过程基本相似。因此，学生必须努力学习以发现和解决日常学习过程中的问题，获取知识并提高他们的语言和研究技能。上面提到的观点在20世纪80年代受到了国际上广大教育工作者的广泛关注。

许多学者对研究性学习的含义提出了看法。例如，钟启泉认为，研究性学习是一种学习活动，学生可以在教师的指导下选择和决定学习中和社会生活中的研究主题，积极获取知识、运用知识并解决问题。叶平与姜瑛俐认为，顾名思义，基于研究的学习教育是学生在教师的指导下以类似研究的方式学习，以行使主观能动性并获取和吸收知识。这种教学模式的本质是使学生能够在"重新发现"和"重新整合"知识的过程中学习。本书认为，基于研究的学习是基于建构主义心理学和发现理论的，是以学生为中心的某种以自我学习为主要途径，以能力为导向，以价值取向为学习重点，并注重探究、研究和发现的开放式的教学方法。

通常，学术界对研究性学习的定义有两种观点。

（1）研究性学习是一种定向培养课程，旨在在开放的教育环境中培养学生研究性学习的能力。在研究性学习中，要求教师让学生理解不同的研究方法，以提高他们的研究技能和学习技能。

（2）从狭义上讲，研究性学习与传统的接受性学习有关，前者采用探究性学习和教学方法来提高学习者的学习能力。

基于研究的学习具有自主性、探索性、开放性和创造性。学生将通过个人实践获得第一手经验，发展科学思维和科学态度，掌握科学方法，提高他们综合利用学到的知识解决实际问题的能力。与传统的英语教学模式不同，在研究性学习教学模式中，学生是学习的主体和知识的建构者，而教师则是教育活动的组织者、指导者和促进者。在这种教学模式下，师生关系可以和谐发展，师生可以通过积极互动共同学习知识。

总之，基于研究的学习教学模式代表了建构主义心理学和发现理论的理论基础，这些思想是在创新的教育理念——以学生为中心的、自学为主要途径以及以价值为导向的能力训练的指导下产生的。它重视探究、研究和发现的学习与实践过程。

2. 研究性学习教学模式的重要性

研究性学习教学模式是知识和教育领域的新概念，是大学英语教学改革的重要模式之一。基于研究的学习教学模式提倡学生平等参与，认为学生有教育自己的能力，同时将学习方法转变为深度学习，让学生真正参与学习过程。以下是研究性学习教学模式重要性的总结。

（1）基于研究的学习教学模式可以建立起新的知识视角。传统的英语学习是一种旁观者式的学习，学生主要通过被动记忆和课堂教学来吸收知识。发展基于研究的学习和教育的先决条件是改变学生的被动知识观来建立一种新型的主动知识观。在基于研究的学与教中，学生可以真正有效地参与课堂活动，从而将课堂知识内化为“个人知识”。在这种模式下，可以激发学生的参与意识，并将他们的热情、经验和品质注入到研究中。

（2）研究性学习教学模式可以树立新的课程观。传统的大学英语教育主要受知识课程概念的影响，知识课程的重点是完成教育目标和成果，要对英语课程进行控制。研究性学习教学模式是根据能力课程的观点进行的，在教师的指导下，学生可以根据自己的兴趣爱好进行各种研究课题，培养自主学习能力和自主创新能力。

基于研究的学习教学模式的能力课程观尊重并鼓励学生的个性化，主张在开放的教育环境中开展活动，反对教师经历和教师的文化认识对教育的过度渗透，注重学生体验，以学生需求为根本来开发和实施教学活动。通过改变学生的角色，学生可以通过批评和反思学习来重新理解和吸收知识。

（3）研究性学习教学模式可以树立新的教学理念。基于研究的学习教育提倡重构学生的世界观、学习观和知识观，并通过情境教学提高学生的主动性和社交技能。这种相应的教学模式旨在联系现实世界，是一种非常实用的教学形式。

在基于研究的学习教育中，教师通过组织探究交流知识来组织教学。师生之间存在平等互助的关系。教师可以通过教学指导来培养学生的各种特点，从而可以打造个性化的教学方法。

3. 研究性学习教学模式的展开

研究性学习教学模式提倡基于开放式教育环境和研究性学习的教育活动，发起旨在提高学生技能的具体教学行为。因此，教育的关键是培养和提高学生的实践和创造能力。这种教学模式打破了传统英语教学的束缚，关注学生的学习潜力和人格特质，使学生能够成长为具有独立学习意识和独立研究能力的学习者。通过对研究性学习教学模式的一般讨论，以下总结了该模式发展的一些重要方面。

（1）创造适合教育的问题情境。研究性学习教学模式提倡学生学习积极性和主动性的培养，因此在教学过程中创造具体的问题情境非常必要。

适用于教学的问题情境应该能够激发学习者对知识的渴望，而教育内容和知识心理学的结合使学生可以通过学习来满足自己的求知欲。同时，在这种教学模式下，学习者可以清楚地了解教育目标，从而激发研究的欲望。在设计教学问题的过程中，教师必须考虑到问题的趣味性和挑战性，并根据学生的特点进行开放式实践教育。

（2）注重自主研究与合作沟通的结合。基于研究的学习教学模式支持学生的独立思考，因此学生可以根据他们在教学过程中的经验来发现教学内容中的问题。这种独立研究可以利用学习者的思维和积极性来完成积累知识的过程。与传统英语教育对知识的被动接受不同，这种教学模式使学习者感受到获得知识的乐趣，从而增强学生的自主性和独立研究能力。

在研究性学习教学模式中，学生也有必要在学生之间或基于独立研究的课堂内进行合作和交流活动。在这些交流活动中，学习者可以展示他们的思维过程和研究方法，并创造出更加杰出的研究成果。在交流和融合的过程中，将提高学生的合作意识和语言技能。同时，这对形成班级凝聚力也将有很大帮助。

（3）教师在基于研究的学习和教育中的作用。教师在研究性学习教学模式中的角色已发生变化，成为指导者和促进者。与传统教育相比，这种开放的教育环境对教师提出了更高的要求。

研究性学习教学模式是英语教学的一种新形式，学习者一开始可能难以充分适应，同时也无法理解这种教学的目的和意义。在此过程中，教师对学生的指导非常重要。这是对教师能力的重要考验，因为教师必须确保一定的教学效果并且不能过度干预学生的主观能动性。

为了提高基于研究的学习教学模式的有效性，教师可以使用新的英语教学方法来执行教学任务。例如，通过多媒体和互联网来呈现教育内容就引起了大部分师生的兴趣。在学生的学习过程中，教师可以指导学生的一般研究方法。在学习结束时，教师要带领学生总结教学的目的、研究内容和研究重要性，以增强学生的主体意识。

4. *研究性学习教学模式在英语教学中的应用*

大学英语教育是提高学生语言技能的关键时期，在本课程中使用基于研究的学习教学模式可以帮助学生提高语言技能，并为他们将来进入社会打下良好基础。

基于研究的学习教学模式是开放式的，可以广泛用于各种细分的英语学科。

（1）研究性学习教学模式在大学英语视听课程中的应用。在传统的英语听说课中，学生主动学习的积极性不高，教学效果不理想。许多学者将基于研究的学习教学模式应用于英语视听课程，并构建了以“策略指导、多重互动和立体化”为特征的大学英语“基于研究的学习”视听教育模式，如图5－1所示。

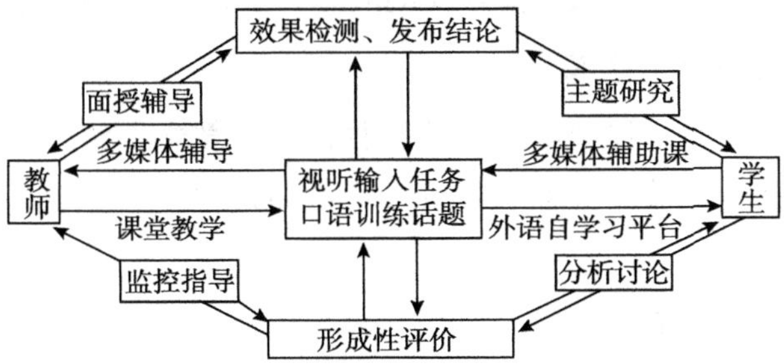

图5－1　大学英语“研究性学习”视听说教学模式

通过对上述教学模式的分析，可以看出研究性教学模式的发展主要以学生为中心，教师在教学中起着指导作用。同时，教学克服了课堂教学的局限性，延伸到课外活动，大大扩大了学生的学习范围。

（2）研究性学习教学模式在大学英语语法课中的应用。语法是一种形式知识，因此教学相对烦琐，需要学生记忆。增加学生对学习的兴趣和提升学生的学习主动性成为提高语法教育质量的重要途径。在大学英语语法课中，教师可以使用一种理性探究的方式进行教学。此教学法是半控制式教学法，可以通过以下步骤完成：①教师讲解一个语法环境；②解释教育活动的任务，并在随后的练习中使用将学习的语法知识；③教师介绍各种语法情况；④学生根据自己的想象力和语言基础进行理解。

这种基于研究的学习教学模式可以调动学生的热情和想象力，对提高语言技能有很大的帮助。

（3）研究性学习教学模式在大学英语词汇课中的应用。由于英语词汇具有单词多的特点，因此在教学中不可能穷尽所有词汇的全部含义，研究词汇教育要能够使学生独立探索词汇的含义和用法。这种方法不仅可以提高学习的兴趣，而且在提高学生的词汇量方面也起着重要的作用。

基于研究的学习教学模式在大学英语教学中起着重要的指导作用，使教师能够根据特定的教学实践和学生的特点有针对性地来执行教学任务。

四、网络教学模式

随着计算机网络技术在大学英语教学中的应用不断深化和扩展，网络教学模式在特定的操作过程中积累了各种经验和教训。对网络教学理论和实践的深入讨论研究有助于解决当前存在的问题，并指出未来的发展方向。

1. 网络教学模式的定义

网络教学模式是一种相对稳定的教育框架和教学方法，其构建是依靠计算机网络技术在特定的教育思想和教育理论的指导下实现的，指向特定的教育目标。

2. 网络教学模式的理论

所有教学模式的构建都应基于特定的教育概念和理论，这种特定的教育概念和教育理论是网络教学模式的核心，也是网络教学模式构建的基石。一般而言，网络教学模式主要依靠语言监控理论和建构主义理论进行教育。

（1）语言监控理论。随着网络技术和资源辅助英语学习的趋势越来越明显，研究人员已经从各种角度研究和探索了网络技术在支持外语学习中的作用的理论基础。其中，克拉申的第二语言习得理论中的语言监控理论是网络教学模式的原则之一。

语言监控理论认为，在第二语言习得中，习得比学习更重要。为了获得一种语言，必须满足两个条件。第一种是可以理解的语言材料应该是“i + 1”。这意味着学习者的输入应该相较当前的语言水平稍有改善，并且输入应该能够被学习。第二种是学习者的心理障碍必须很小，以便可以轻松吸收输入。

克拉申的第二语言习得理论通过在语言监控理论中强调减少输入语言和情感障碍的思想，对第二语言习得的研究产生了重大影响。因此，有必要将克拉申的语言监控理论应用到大学英语在线教育中，探索语言监控理论与大学英语在线教育之间的关系，并探索如何基于该理论进行在线教育。

（2）建构主义理论。建构主义理论是由瑞士学者皮亚杰在 20 世纪 60 年代提出的。他认为，人们可以通过某些刺激来形成某些认知结构以获得信息。这种理论的普及改变了人们对教育的看法。建构主义认为，知识是主观的，是通过自主建构意义而产生的，教师的责任是有效地建立学生对知识的理解，并鼓励创新思维。这种观点成为网络教学模式发展的重要指导。

简而言之，教育理念和教育理论是网络教学模式的核心，也是网络教学模式的基石。但是，历史发展和逻辑论证的实践过程表明，教育理念或理论并不完全正确，每种理论都有其优缺点，只有在某些领域可以应用。在决定网络教学模式的理论指导之前，首先要正确理解各种思想理论和适用的教育环境中的利弊，包括教育主题、教育目标、教育内容、时间和经济性等，最后才能做出合理选择。

3. 网络教学模式的分类及其实施

根据不同的分类标准出现了不同的网络教学模式分类。每种分类都有其依据和特征。这里，以在线外语教学模式的教育基础为出发点，参考教育技术专家祝智庭教授在信息技术环境下提出的教学模型，来讨论网络教学模式的分类。

（1）网络自主接受模式。网络自主接受模式通常包括个人学习者、学习内容（网络课件，通过网络传输并由计算机作为媒介呈现的语言材料如图形、文本、音频和视频），以及学习指导者（计算机和教师）这三个元素。

网络自主接受模式主要传达客观的知识和技能，而训练则主要以学生自主完成选择题、填空题、拖动匹配等其他测试问题的形式，帮助学生给出清晰的答案。教师可以设置计算机的识别反馈程序，以自动纠正学习者的错误并提供答案。还可以设置一个计算机程序，该程序自动检测学习者的学习背景和学习方式，以提供适当的学习材料和学习途径。在这里，由于计算机承担了很大一部分工作，因而实际上可以被称为智能教师。对于学习者在学习过程中面临的各种问题，尤其是一些个人问题以及人际情感交流的需求，教师需要通过学习论坛等网络交流工具帮助学习者解决。

（2）网络自主探索模式。网络自主探索模式的要素是个人学习者、任务/问题、参考资源以及指导者。

这种模式下学习的主要目的是提高学生的语言应用能力，而不是学习客观和明确的语言知识（如语法和词汇），因此通常会针对特定问题完成特定的语言任务，或者引导学生制定自己的任务。语言思维是学习的主要瞄准对象，如翻译特定的文学作品或独立观看特定的原声电影，然后撰写电影评论。教师在整个学习过程中，为学生提供必要的指导。一方面，学生可以参考网络资源或书籍清单；另一方面，教师使用诸如电子邮件和论坛之类的交流工具来监督学习者的进度，并指导学生解决问题，提供学生所需的学习评价。

（3）网络集体传递模式。网络集体传递模式的要素是学习小组、学习资源和教师。

在此模式中，通常有两种教学课程形态。第一种是完全虚拟的在线教室。教师和学生团体在约定时间登录到特定的在线“班级”。教师讲解新课，组织练习、讨论和其他学习活动，回答学生的问题，并提供必要的反馈指导。第二种是自学和小组指导。学生可以在方便的时候选择教师准备的学习材料，例如照片、文字、音频和视频等多媒体课件，同时通过网络实时教育系统寻求小组指导。

（4）网络综合教学模式。在实际的在线外语教学中，经常根据教师的条件、教育目标和技能发展水平，综合运用各种不同的教学方法。例如，大学英语综合课程的一个单元的在线课程为：学生可以独立观看本单元的在线课件，完成在线练习，例如填空、选择和拖动匹配以及从计算机接收自动更正的反馈。如果学生达到了这一水平，则该单元对客观知识和技能的基本要求将进入该单元的自主导航部分，并要求学生学习其他主题材料并撰写评论报告。教师在学生学习和写作过程中通过发送电子邮件或学习论坛等其他方式为学生提供指导。

该教学模式将各种网络教学方法的一部分进行了集成，所以被称为网络综合教学模式。在设计和确定教学方法时，该种模式认为应综合考虑教学目标、教师力量、学习者的学习风格等多种因素，并应选择和运用合理的教学活动。教师完全可以采用网络综合教学模式，只要它可以帮助实现教学目标。该模式所依据的分类方法可能与其他分类方法有所差异，其原因只是参考的角度不同。

第六章　基于教育生态化的英语教育教师的发展

在英语课堂生态系统中，教师作为学生这一生态因子语言输入的重要来源和教师这一生态因子实现其教学计划的工具和媒介，在课堂教学和学习者的语言习得过程中起着至关重要的作用。基于此，本章就英语教师的角色转变、英语生态化课堂中的教师话语以及教育生态化英语课堂中的教师发展进行论述。

第一节　英语教师的角色转变

大学英语作为我国高等教育中最基础的课程，其普及面最广、修学年限最长、课时最多。在大学英语教学过程中，大学英语教师始终处于主导地位。他们在大学英语教学过程中发挥的作用和产生的影响不言而喻。

一、大学英语教师的角色

大学英语教师想要在大学英语教学中充分发挥自己的作用，培养学生的创新意识，使他们的能力得到有效的提升，首先必须明确自己的身份和角色。

（一）大学英语教师在传统教学中扮演的角色

受中国尊师重教文化传统的影响，教师长期被视为知识的播种者，在教学中的示范性特点尤为突出。

长久以来，大学英语教学都是采用以教师为主体，利用教材和课堂时间来完成主要教学活动的一种传统的教学方法。这种教学方法的特色主要体现在：教师根据教材和教材参考书就可以完成教学活动，所传授的知识比较局限于教材上的知识点，教师按书授课，而学生为了完成学习任务就大量地查阅各类参考书。这类教学的目的就是教师按时完成教学任务，学生考出好成绩。至于学生是否真正感兴趣、是否真正投入精力、是否可以学以致用、能力是否得到提升等其他需求都没有被很好地重视。教师在课堂上起到了讲授、示范和控制课堂进程的作用。每堂课上，教师需要把每一个知识点进行详细讲解，让学生掌握基本的课堂内容；同时，教师需要带领学生一起朗读、书写、听讲、表达、翻译，在示范中进行教学活动；最后，教师还要把握整堂课程的进度，进行问答和说写，并且还要对学生的语言掌握程度和综合能力进行客观的评价。由此可见，在以往的英语教学中，教师是占据主导地位的，而且在课堂教学过程中，教师占用了大部分的时间来讲解知识点，留给学生讨论消化的时间很少甚至没有。

渐渐地，教师扮演传授者、示范者、控制者和评价者角色的传统英语教学模式暴露出了一定的弊端，教师角色过于单一、静态，无法有效地调动学生的学习兴趣和积极性。

（二）大学英语教师角色的改变

信息化时代的到来，给人们的生活和学习都带来了很大的冲击，大学英语教学也正在发生着翻天覆地的变化。以往的大学英语教学是为了培养高科技、高技术、高职位的人才，而科技发展到现在，连最基层的工作人员都需要掌握基本的英语交流能力；教学任务也从培养学生简单的读写和翻译能力逐渐转化成英语的综合运用能力。这些巨大的改变都将对英语教师的角色提出转变的要求，英语教学方法也需要有质的飞跃，传统教学方式将逐渐被取代。

在信息技术及各种媒体的迅猛发展下，教师教学已经不是学生获取语言知识的唯一途径，教师和学生的差别也不仅仅是知识量的不同，教师必须更加注重学生智力、情感、个性、精神和人格的发展。传统教学中教师单一的“控制者”角色已经无法适应如今大学英语教学发展的需求。因此，在当代的大学英语教学中，教师除了要扮演好控制者、传授者、评价者的角色，还应努力成为教学的组织者、引导者、促进者、激励者、资源提供者等。

1. 信息资源的收集、分析和提供者

随着国家改革开放的稳步前进，各种各样的网络资源也越来越强大，而且也在逐步地渗入到大学英语的教学理论中，学生虽然每天都面对着大量的

网络信息，却并没有很好地适应这种环境，无法将网络信息完全理解消化、为己所用。这种情况下，教师如何转变观念，更好地做好学生的引导工作，就显得尤为重要。传统教学中，教师的主要任务是将知识传授和灌输给学生，而随着信息化时代的到来，教师必须将侧重点放在如何帮助学生收集尽量多的有用信息，再将之系统化，取其精华、去其糟粕，同时还要指导学生如何进行信息的有效收集、归纳和整理，以适应越来越发达的信息化社会。

2. 课堂教学中的组织者和合作者

在课堂上，教师首先需要吸引学生的注意力，引导学生集中精力进入课堂氛围，再将语言知识点传授给学生，以便出色完成教学任务。教师课前精心备课，制作丰富多彩的课件内容，加上课堂上妙语连珠的讲解和灵活示范，以吸引学生的注意力，同时还应该全面系统地了解各个年级、各个专业学生的专业语言能力、学习的目标和学习的不同需求，灵活地将教学手段、教学任务与学生的实际生活还有学习需求贯通起来。制订教学计划时，教师应多利用丰富多彩的教学内容和教学范例，辅以多种多样的课堂练习等，使得新知识的引入、有关知识的扩展、相关话题的讨论和问题的解答都更有趣味，也更为吸引学生，让其自主地参与到语言学习中来，让每个学生都能获得用语言表达自己的机会。当然，调动学生的积极性还需要教师把握好度，不能过分自由，使得课堂纪律无以维持，又不能太过紧张，使得学生不敢表达自己，只能顺着教师的思维进行学习。教师应对每个学生的语言学习基础和学习能力有一个大概的了解，然后再将学生分为几个层次，从而有利于教师进行分层次教学和练习，引导每个层次的学生认识到自己的语言水平及兴趣所在，以便更好地选择适合自己的教学内容和练习方法，这就是我们所说的因材施教。学生可以利用多媒体或者电脑，根据自己的需要合理地安排好学习时间和学习环节，满足自己的学习需求。

在大学英语课堂教学中，教师可以作为学生的同盟者，在课堂上一起探讨新知识、追求新科技。学生在进行自由学习或者专题讨论时，教师应该参与其中，提出自己的意见，引导学生进行更深入的探讨和分析，不能完全置身事外，觉得讲完课本知识就算完事了，对学生的学习情况和掌握程度不闻不问。其实大部分学生还是非常愿意通过教师的讲解，与教师进行有效的交流互动，只不过每个学生的能力不同，学生想要完全依靠自学来高效地完成学习任务是一件非常有难度的事情，所以，教师的引导和指正作用是不可忽视的，教师要做到与学生一起参与学习活动，做好知识点的总结归纳。当然，我们前面有说过，教师应该作为学生的同盟者跟合作者，教师应放下自己权威者的身份，以免学生产生敬畏心理而退于被动的地位。因此，教师与学生的互动要把握好度，不过多干涉又能及时发现和解决学生的需求才是最合理的。

3. 学生学习过程的引导者和帮助者

学习的最终受益者是学生，所以这个过程需要其自身的努力，再加上教师的引导辅助，最后将知识内化为自身的综合能力。其实，大部分学生的学习目标都很明确，但是因为没有找准合适的学习方法而达不到理想的学习效果。因此，教师在讲解知识点的时候要着重培养学生的学习方法、学习思想和语言技巧的运用能力，促使其养成好的学习习惯，从而达到学习目标。教师在教学中还需要特别关注那些基础较差、学习无动力、学习方法严重错误和学习自制能力较弱的学生，对他们进行激励和肯定，提高他们的自信心。让他们从最基础、最薄弱的环节开始学，一步一个脚印，脚踏实地地进行语言实操练习，通过日积月累，找准自己的学习方法，提高自己的学习成绩。教师应该在学生遇到难题时，及时给予其学习方法、语言表达思维上的指正，以便学生更牢固地掌握所学知识点并内化成自己的语言能力。学生在遇到瓶颈时能及时得到教师的帮助，也有利于其获得成就感，激发出对学习的兴趣和积极性。教师的及时指导还能促进学生综合能力的提升。

传统的教学模式中，教师是处于主导地位的，教师将课本知识灌输给学生，因此，教师对知识点的讲解占据了课堂的多半时间，学生成为被灌输的一方，常常会精力不集中。前面我们也说过，学习的最终受益者是学生，完成这个学习过程的也只能是学生，所以如果学生不能好好地学，那么英语教学也就没有意义。科德（Corder）曾经说过：有效的语言教学应该适应自然过程；应帮助学生进行学习；同时让教师和教材去适应学生。这也很好地说明了学生在学习中占主导地位的重要性，在新的教学活动中，我们也应该更注重学生的主体地位，教师应该有效地指引学生自主学习并形成自己的知识体系。

4. 信息化学习环境的管理者和开发者

新的教学手段充分利用了各类教学软件、多媒体、计算机网络，提倡学生积极主动地学习，以提高综合运用能力为主要目标。教师是信息化教学的领军者和开发者，教学媒体要结合现有条件、教学目的、教学方向和教学内容等多方面来综合选择。以往的教学中，教师主要是把控课堂纪律和调节课堂气氛，以便顺利完成教学任务，而新的教学模式除了要关注学生的课堂学习外，还应该重点了解学生在课外是否使用多媒体或者计算机网络进行了自主学习和知识巩固。当然，这就要求教师能熟练运用多媒体或者网络技术，为信息化教学做好管理和监督工作，如果在熟练运用的前提下，还能自主研发设计出一些新的学习课件并带入课堂中，让学生在有趣味的、活跃的课堂中掌握所学知识，也是一种很好的创新性课堂教学模式的改革。

5. 学生学习的评价者

信息化时代对学生提出了新的要求，评价体系也异于传统的课堂教学。除了要求学生掌握课堂理论知识以外，还要充分利用课余时间通过多媒体和网络进行大量的自学。教师作为学生学习的评价者，需要结合学生的问题、综合学生的各项指标，整理出学习成果，然后客观地评价学生学习和解决问题的水平。当然，要做到客观和公正，就需要建立一套完善的评价系统和评价标准，利用整理出来的数据，从学生的答题状况和数据分析中来全面评分。

6. 终身学习者和教学的研究者

新的教学模式的关键是要求教师不断提高自身的综合能力，探索教学的新方法和新规则，同时也要求教师扮演好教学探索带头人和学习者的双重角色。教师应该时刻保持学习者的心态，教到老也学到老。

第一，教师应继续打好扎实的基本功。对于大学英语教师来说，专业素养是非常重要的，自身的英语表达水平、英语运用技巧都决定着专业教学的整体水平。提高自身素养的途径有很多，例如，可以利用网络来寻找英文版的报纸、杂志或者世界名著，进行快速阅读，以提高自己的阅读水平；还可以通过论文发表来提高写作水平；也可以通过在职进修、考研、考博等进行系统学习。

第二，教师应注重自身知识体系和能力结构的更新。科技的发展给社会带来很多科学化的便利，但对教师的要求越来越高。教师要保持对新的教育理念的敏感度，完善自身的知识体系和能力结构，以便快速地适应不断变化的社会环境和教学环境。随着教学软件、计算机网络的普及，熟练掌握并运用这些现代化信息技术也成为教师学习的一部分，是教师必备的技能。

第三，教师还要成为教学的研究者。大学英语教师要时刻保持科学钻研的精神，教学研究应该贯穿于整个教学过程，教学研究也对教师提高自身教学能力和综合素养有着至关重要的作用。教师若以研究者的身份来营造一个科学合理的教学情境，以研究者的身份来对待自己的教学实践活动，则会引起自己对教学理念的深思，对待新出现的问题也会更敏锐，用更具创新性的教学手段来处理问题。

二、大学英语教师角色转变的方法

教师是生态课堂的主体，其角色定位在高校英语课堂中起着方向性的作用。只有用生态的眼光审视外语教师的生态角色，才能使外语课堂成为一个民主、和谐、开放的综合循环体系，才能体现“人与环境、人与人和谐发展”的教育生态学的基本思想，最终使得英语教学走上可持续发展的道路。这就需要英语教师对自身的角色定位进行转变，其方法如下。

（一）转变教学观念

教师的教学观念是指教师对教学所追求的目标以及为什么要追求这种目标的认识，它是教师对教学的一种主观期望和价值判断。

大学英语教师应冲破旧的教学模式，摈弃落后的传统观念，重新定位自己的教学角色。教师要从一个规定教学大纲和方法的被动接受者变成一个课堂活动的组织者，从一个现成理论或他人成果的借鉴者变成一个以课堂教学为主要对象的理论探讨者与研究者。

在大学英语教学中，教师只有转变了自身的教学观念，以学生为主体，与学生密切合作，才能诱发学生的学习动机，从而更好地调动学生学习的积极性、主动性、自觉性和创造性，让学生在有效的时间内掌握更丰富、更扎实的知识与技能。

（二）提高大学英语教师应具备的素质

1. 语言素质

目前，一些大学英语教师特别是精读课教师，习惯使用传统的教学方法，在讲解英语课文时，仍采用“朗读—释义—翻译”的老套路。这些教师成了课堂上的“主角”，授课没有重点、难点，课堂缺乏启发性的问题，既不讲解语言点，也不讲解文化点。这些问题产生的最主要原因就是教师语言素质不高。

所谓语言素质，就是教师应该具备的英语语言综合水平。一个合格的英语教师，首先必须熟练掌握英语的语法体系，掌握海量的词汇，然后还要具备听写、阅读、交流和翻译等各种专业能力。英语口语娴熟纯正、英语书写规整顺畅是英语教师必备的专业素养和能力。学生接触英语时，最重要的方法和途径就是语言输入，因此，纯正地道的语言输入对学生学习来说有着举足轻重的作用。尤其是在国内这种非常缺乏真实英语语言环境的地方，学生基本依赖于学校开设的英语课程来完成学习，所以说，专业教师的英语教学水平就显得特别重要，教师水平的高低直接关系着学生语言输入质量的好坏。教师一口纯正的英语可以激发学生学习的兴趣，调动课堂气氛；而一手漂亮的英语板书也能成功吸引学生的注意力，让课堂效果大大提升。除此以外，教师具备较强的英语应用能力有助于提高学生的综合英语水平，激发学生确立学习动机，明确学习方向。

2. 文化素质

在大学英语教学中，除了要培养学生的听、说、读、写等基本技能外，还应为其引入一定的文化知识。相关文化知识点的引入有利于调动课堂气氛，培养学生学习英语的积极性，还可以为学生积累知识，使英语学习更具语言环境。基于此，大学英语教学中的文化教学应包括目的语文化教学和本族语文化教学。

（1）目的语文化教学。很多大学生在与外国人实际交流时，经常会犯一些语言结构或者交流偏差的错误，导致这种状况的最主要的原因是对目的语文化的理解不够。这种现象的频繁发生，也让我们的教育者越来越认识到目的语文化的引入对于人们学习英语是非常重要的。一直以来，人们对目的语文化有两点理解：一个是觉得我们学习外语最应该把握和理解的是目的语文化，本族语文化依赖以往的知识积累和知识结构就足够了；一个是认为对于外语学习来说，学习目的语文化比学习本族语文化的效果更显著、更直观。

（2）本族语文化教学。当然，想学好一门外语，了解和把握目的语文化是至关重要的，但是这并不能影响本族语文化的重要性。人们在学习英语的时候，长久的一个惯性思维是觉得本族语文化的思维对学习外语有一个定向的负面影响。其实事实并非如此，学好本族语文化，对于人们的跨文化交流是很有益处的，将产生一个良好的正迁移效果，有利于人们习得一门外语。

3. 理论素质

英语教学是一个非常巨大的系统任务，随着时代的进步，它已经不是一门单独的学科了，正在往交叉学科、多学科方向发展，例如计算机语言学、语言学、心理学、人类学和文化语言学等多学科都逐渐渗透进来，促进了教学的全面发展。而且，学生通过学习，思维会不断深化转变，这可以促进其树立正确的价值观和人生观。学生能合理地将知识转化为实际运用能力当然离不开一个具有完善的知识体系、较高的理论水平的教师对其进行的知识传输，为其打好的知识基础。

国内英语教师普遍存在一个认知误区，就是在教学中只看重技巧，而忽略理论，常常让学生多练多读，这种认知是不全面的。教师拥有较好的理论知识体系，是其正确理解课程大纲的前提，是正确选择教学手段的保证。

4. 合理使用教材的素质

大学英语教师还应该参透教材和课程大纲，能较好地“操控”教材，为己所用。这种“操控”主要表现在对教材的利用度和评价上：其一，教师要能识别教材的好坏。英语专业的教材和各类参考书层出不穷，如果教师不能帮着加以选择利用的话，学生面对如此庞大的信息量，将无从下手。因此，我们需要教师具备较高的评价能力，来为学生选择优质的教材和参考书。其二，教师对教材的使用也要合理，不能完全依赖于教材。教师在使用教材的过程中，应该做到能对教材的内容进行适当的补充和删减，能替换教学内容和活动，能扩展教学内容或活动步骤，能调整教学顺序，能改善教学方法以及总结教材使用情况。

5. 教学实践素质

教师的教学实践素质具体体现在传授和培养英语知识和技能的能力、教学的组织能力和综合教学技能三个方面。

（1）传授和培养英语知识和技能的能力。课堂教学主要是传授给学生知识点和技术技能，这也是教师实践能力的一个重要表现手段：首先，教师应该将教材大纲涉及的基础知识点传授给学生，让学生能基本理解和吸收；其次，教师应该做好技能的示范，这是教师必备的基本能力之一，教师带领学生进行听、说、读、写等，然后通过学生对其行为的模仿来完成教学任务。所以说，教师熟练把握知识点和技巧可以为学生的快速成长保驾护航。

除此以外，教师要有针对性地、有技巧地进行提问，然后通过学生的回答了解学生对知识点的掌握程度，从而对症下药，促进学生提高学习能力。因此，提问也是教师惯用的一个教学手段。

（2）教学的组织能力。教师号召和带动学生学习的能力被称为教学组织能力，主要体现在能否调节课堂进程和带动气氛，能否有效地带动学生集中精力，跟着教师的思维走，自主参与到学习中来。教师进行高效的组织教学需要全面把握好教材的主要知识点和知识面，完善自己的语言表达能力，了解学生学习、分析和把握知识的正确性，调节课堂气氛和控制课堂纪律，引导学生高度集中注意力。

教师要带动全班同学积极投入到学习中是非常有难度的任务，教师需具备较高的创新水平才能做到。教师在课堂中要发散思维，积极创新，引导学生跟着思路走。教师专业化的知识和技能水平的提高，可以持续熏陶学生，激发其自主学习的动力和兴趣。

（3）综合教学技能。综合教学技能是指除了英语教学中所需要的语言之外的教学能力，如书写、唱歌、绘画、制作、表演等。教师的综合教学技能越高，就越能更好地完成教学任务。具体来说，英语教师的综合教学技能应该包括板书字迹公正规范、能唱、会画、会制作、善表演。教师可以结合学生的学习进度编写、教唱学生喜欢的英文歌；教师可以画简笔画，并灵活运用于教学中；教师可以设计制作使用于英语教学的各种教具，如幻灯片、软件、录像等；教师可以用丰富的表情、协调的动作表达意义或情感，使教学有声有色。

6. 技术素质

科技的发展推动着国内教育的大步前进，英语教学也不例外。20 世纪初，英语教学开始逐步尝试利用幻灯片作为教学工具，接着，唱片和电影也被用于教学中。20 世纪二三十年代，课堂中又引入了有声电影和无线电广播。40 年代，课堂教学中又新增了电视和录音两项新的教学工具。五六十年代，电子计算机和程序的出现，大大推动了教学的发展脚步。70 年代，电脑和卫星传播被用于教学中。80 年代，随着各种智能化的高度发展，许多的教学工作都被智能化了。90 年代后，计算机技术的发展、信息网络平台的普及、数字化全面的运用，给英语教学带来了全方位、立体化的改变。

可见，作为 21 世纪的大学英语教师，应具备灵活使用传统的电化教学设备的能力，熟练使用现代化的教育技术，如多媒体、计算机网络等技术。

7. 科研素质

英语教学的科研是为了寻找所有可能影响学习成绩的因素跟学习成绩之

间的内在关联。国内著名学者刘润清表示，实际运用为教学科研准备了大量的一手资料，而科研成就又为有效的教学实际运用提供依据。不断地开展科研和教学模式摸索，对英语教师的综合能力和语言水平的提高都是大有益处的，而教师能力的提高又直接作用于学生的学习成果，对复合型人才的培养有着举足轻重的作用。

概括起来，英语教学科研所涉及的对象主要体现在本体论、实践论、方法论三个方面。本体论主要就是哲学方式的讨论，包括两个方面：其一，语言的实质；其二，语言学习的始末。其中，语言学习的始末又可以理解为两个层面的意思：一是学习者学习第二语言的个体特征的差异；二是学习者的心路历程差异。实践论就讨论具体如何来实行，例如教材如何编写、大纲如何制定、语言技能怎样培养等。方法论则主要讨论的是如何教学，包括教学方式和教学手法的研究。

所以说，优秀的英语教师不但是一个优秀的教学实践者，还应该是一个教学规则的探究者。

（三）大学英语教师角色转变的意义

1. 为学生提供适宜的语言学习环境

教育绝不是单边的文化传授，而是将人的创造力激发出来，将生命感、价值感唤醒，使人得以成为自觉、自由活动的人。

（1）教师角色发生的具体变化。在传统的教学模式中，教师是课堂教学的主体，在新形势下，应将课堂教学中心交还于学生，以学生为主体，教师作为主导对学生的课堂学习起到指导与带动学习气氛的作用。教师通过自我角色转变之后，会给课堂活动带来一些改变，主要表现为：①课堂教学话题控制权由教师交由学生控制；②课堂会话活动的具体限制权由教师主导转换为由学生自主进行；③课堂上提问环节由教师已知并直接给予正确答案转变成由学生进行讨论，教师给出参考性答案或建议；④学生由传统的根据教师提出的问题进行思考与回答，转变为学生既可以提出问题也可以回答问题；⑤课堂问题的探讨，由之前让学生说出正确答案为目的转变成以学生自由表达想法为目的；⑥由教师仅对学生话语正确性与否进行评价，转变为对学生话语内容进行评价。

（2）教师角色转变为学生语言学习带来的优势。教师角色和课堂活动的转变，可以为学生的语言学习带来很多优势。具体如下：①学生在课堂上的发言更加主动；②语言行为的种类有所增加；③学生可以得到个性化的指导；④减少了课堂上的焦虑情绪；⑤学生学习英语的动机和兴趣得到增强；⑥学生独立学习的能力得到增强，合作精神得到培养。

2. 提升教师的业务水平和综合素养

教师角色转变后成为参与者、导师、研究者、促进者、激励者等，教学也从“讲学”变成了“导学”，从善“教”变成了善“导”。当代的大学英语教学对教师提出了较高的要求，教师只有不断超越并提升自己，才能由学习的代替者变成引导者。

当代的大学英语教学的一个特点就是学生在课堂上有较多的活动时间，学生在完成任务的过程中都离不开语言表达的技能。因此，要帮助或指导学生完成任务，就对教师的业务水平提出了更大的考验。课堂教学中，教师要从学生“学”的角度来设计教学活动，使学生的学习活动有明确的目标，并有一定的梯度和连续性。另外，教师设计的活动任务应该保证学生能获得知识或得出结论，从而使他们得到运用语言的能力。

教师还应具备一定的组织能力、应变能力和自我调控能力。既要保证学生独立完成学习活动，又要保证能在必要的时候控制住学生的注意力。教师要善于引导、鼓励和启发，巧妙提问、点拨、迂回，做到收放自如。教师还要为学生创设丰富多样的学习环境，与学生共享自己的情感与方法，与学生共同增长知识和技能。教师的教学方法越好，学生的学习效果就会越好。

第二节　基于教育生态化英语课堂中的教师话语

近十年来，教师课堂话语已成为课堂教学研究的热议话题。纵观近十年来对教师课堂话语的研究，发现其主要是针对话语特征、话语功能、语法转换、提问与反馈话语、师生互动话语等方面的焦点热议，且研究视角多集中于二语习得、话语分析、人际功能以及评价理论等传统方面，而基于生态语言学的教师课堂话语研究视角还很少见。而生态语言学为课堂教师话语提供了必要的理论指导。将生态语言学融入教师课堂话语体系构建之中，可为其向科学、合理的话语体系发展提供理论基础。

一、生态语言学视角下大学英语教师的话语原则

当我们把课堂教学看作一个生态系统时，为使课堂生态环境始终维持在平衡状态，就需要教师运用有益性话语来保护课堂生态平衡，尽量少用或不使用破坏性话语来进行教学。教师的有益性话语常指有益于课堂生态环境的话语，具体来说，是那些可以激发学生学习兴趣、提高其文化素养、培养其善于思考的能力，促进师生间的交流互动，营造课堂轻松、和谐、友好的气氛，提升其语言与跨文化交际能力与创新能力，能将学生培养成具有积极的、乐观的、向上的态度，具有正确的人生观、价值观的话语。例如，当教师可以用流畅、自然的英语口语清晰地进行表达，且课堂话语内容有趣、丰富，可以充分调动学生学习的积极性，通过学生的热烈讨论还可以激发师生间的互动热情，从而使学生可以在良好的学习氛围中精神饱满地投入到学习中去，这才是有益性话语的精妙之处。反之，即为破坏性话语，对师生间良性互动、提升学生学习积极性与语言能力产生严重的负面影响。

我们可以从五个方面来判定教师有益性话语的与否：第一，教师的话语速度与话语量；第二，教师的话语内容与质量；第三，教师的语码转换策略；第四，教师的提问策略；第五，教师的反馈策略。

据调查显示，现今课堂教学仍存在着教师话语量过多、学生话语量较少、教师话语质量低、教师语码转换过多和不合时宜、教师提问过于模式化、参考型问题过少等问题。这表明，教师使用的有益性话语较少。

二、教师话语在构建大学英语生态课堂中的功能

在大学英语生态课堂构建过程中，作为英语课堂教学中的重要影响因子，教师的角色已不单单是英语知识的传授者，而更应转为生态课堂教学环境的构建者、意见交换的参与者，学生英语学习过程中的促进者，或是如同知己、朋友、心理医生、顾问等角色。而英语教师话语作为教师角色得以实现的重要媒介，具有下述功能。

1. 提供高质量语言输入的功能

在大学英语生态课堂构建的过程中，学生获取知识的主要场所依然是课堂，而教师话语依然是学生获取知识最主要同时也是最可靠的输入来源，因

此，教师话语必须具备提供高质量语言输入的功能。教师可通过示范、导入、知识讲解等话语方式来使高质量语言输入功能得以实现。但就现阶段来看，在大学英语课堂中，教师话语质量并不尽如人意。基于此，教师应在大学英语课堂教学中，对自身话语质量不断进行稳步的提升，针对学生的耐受度与生态位，使用贴近于生活且略高于学生英语水平的真实语言进行教学，但需要注意话语的准确性、示范性以及难易程度，尽可能地使用生动清晰、精练的语言来对学生进行引导，切不可将教师话语这一重要的影响因子变为限定因子。

2. 提供优质互动的功能

师生互动是指师生双方在共同的课堂环境中相互倾听、交谈和协商等。在大学英语生态课堂中，教师话语的优质互动功能主要通过提问、反馈、拓展和教师话语量等几个方面实现。然而，多数教师话语在提问、反馈和拓展等方面都有待提高，且教师话语量普遍过多，这种现状显然不利于师生间的互动。

教育生态学提出，教师话语应在充分了解学生的生态位与耐受度的基础之上，尽可能地克服传统课堂教学模式中的花盆效应，对教学中的提问与讨论方式进行精心设计，充分激发学生的学习兴趣，实现师生间的良性互动，对学生进行语言输出与知识构建主动引导。此外，教师应以发展的眼光看待学生，为学生提供更多的积极性话语表达，以欣赏的态度来对待学生，让学生在学习与认知的过程中得到最大支持，从而引导学生主动发起拓展并进行即兴的意义表达；教师应根据具体情况调整话语量，把更多的表达机会留给学生。

3. 基于学生生态位的支架功能

更为准确的教师话语表达在大学英语生态课堂教学中可以为学生构建良好的教学环境，引导学生产出准确、恰当的话语，充分发挥教师的支架功能。为此，教师话语应基于学生的生态位，注意提问方式的变换、学生回答问题遇到困难时的提醒和引导、学生回答问题后对话题的进一步拓展等。

4. 创造真实社会交际的功能

在大学英语生态课堂中，教师话语还具有发起或维持人际交往的功能，即社会交际功能。该种课堂话语与真实交际中的话语基本相似，其本身可能并不具有特殊的教学意义，但却能体现师生和谐的生态内涵，是影响教学效果和学生发展的限制性因子。该功能主要体现在师生间的寒暄、提问、反馈和拓展等方面。

5. 以学生为本的情感功能

教育生态学认为，在大学英语课堂教学中，教师和学生都是有情感的，为了实现大学英语生态教学的目标，建立和谐的师生关系，教师话语必须体现对学生的真情实感，如对学生的尊重、爱护、欣赏和关怀等，即教师话语应具备情感功能，该功能主要体现在语音、语调、语速、提问、反馈和拓展等各方面，也贯穿于导入、内容讲解和提问等各个教学环节中。因此，教师话语应尽量根据学生的特点和具体的教学内容体现出或积极主动或激愤高昂或平和淡薄等不同的情感，从而使教师情感、学生情感和教学内容实现有机结合，使学生从情感高度深刻领会所学知识并勇于自由地表达自己的思想，提高学习效率。

三、大学英语教师生态话语策略

生态化的大学英语课堂教学要求教师更新教学观念，树立新的教学理念。结合英语教学生态观对大学英语课堂特点和教师话语行为特征进行分析，下面对大学英语教师生态话语提出了一些优化策略。

1. 丰富教师话语内容，关注人文精神、情感培育及文化传承

在大学英语课堂生态系统构建的过程中，教师应以丰富、有趣且适合于教学的话语内容为主要选择，来构建集知识、情感、文化为一体的多元化教学网络，并对学生构建多元知识网络提供一定的帮助，从而对学生知识技能、文化素养以及人文精神建设与发展的提升提供助力。这就要求教师话语内容不应局限于课本之中或水平测试的要求，还应针对教学计划相应加入外文原版著作、报纸、杂志、英语广播、视频、电影以及英文歌曲等来拓宽学生的英语学习边界，激发学生的学习积极性与学习兴趣。除此之外，教师还可通过创设情境的方式来培养学生的语用能力。教师通过创设一个真实的自然环境，为学生尽可能多地创设使用英语沟通的机会与场所，使学生可以在各种真实情境下更好地学习语言，提升自身语言交际能力与语用能力。而从教师方面来讲，只有教师话语内容足够丰富，才能最大限度地引导学生走向丰富的精神世界。

在大学英语生态化课堂上，教师除了教给学生语言知识、科学知识、思维方法外，还应充分挖掘教材及其他辅助教学材料中蕴含的人文精神，培养学生对人、社会、自然、生命和生活的深切关注和热爱，培养学生正确的人生观和价值观，教会学生与他人、社会、自然和谐相处，以适应社会的可持续发展需要。同时，教师在选择话语内容时还要有意识地教育学生热爱国家、热爱党、热爱集体、尊老爱幼、乐观开朗等，培养学生的高尚情趣、道德情感，以及积极进取的人生态度，促进学生人格的全面发展。

除人文精神与情感培育建设以外，大学英语教师话语还应对学生文化意识与跨文化交际能力进行针对性培养，并对学生进行中西方文化的辩证观引导性培养，在传承中国优秀传统文化的基础之上，借鉴西方优秀文化。纵观传统的英语教学课堂，以听、说、读、写、译五种能力为主要的培养目标，这在很大程度上推动了学习者英语水平的提高。然而，课堂上文化教育的缺失导致学习者对西方文化、文学、意识形态及中西文化的差异了解甚少，跨文化意识不强，跨文化交际能力差。为培养学生的跨文化交际能力，提高学生传承中国优秀传统文化的能力，在具体的大学英语教学中，教师使用的话语要经常涉及中国和西方各国的文化背景、社会风俗、价值观念、思维方式等，引导学生通过对比中西文化发现中西文化的精髓，尤其是引导学生了解中国文化蕴含的核心价值观念，树立传播中华文明、推动世界文明进程的信心。通过文化比较还可以提高学生对一般文化差异的敏感性和适应性，有意识地培养学生的跨文化意识，提高学生的跨文化交际能力。

2. 严格控制教师话语数量，精心设计提问话语和反馈话语

可以将大学英语课堂看作一个统一、可变的具有能动性的生态系统。这一生态系统在一系列的多维度、多元化、多内容、多形式的交互活动之中进行，包括师生互动、生生互动、学生与教学文本互动、师生与多媒体互动、师生与自然环境和社会环境互动等错综复杂的互动关系，其中，学生与教师之间的互动起着非常关键的作用。师生间的互动不仅是一种信息的互动，更是一种情感的互动或者是一种人际互动。

师生之间只有存在良性互动才能使外语课堂生态系统始终保持旺盛的生命力。如果师生互动良好，师生双方在互动中则同为主体，相互影响，共同参与课堂活动，共同进步，共同成长，共同分享英语学习的苦乐和经验，共同完成语言学习中的理解和探索，共同探讨中西文化的精髓，共同完成对世界和真理的探索。良好的师生互动能够激发学生的积极性、自信心、主动性和创新精神，从而促进学生的语言习得和人格健康发展。为了保证课堂师生互动顺利进行，教师必须控制自己的话语量，增加学生的话语输出量。一般来说，教师的话语量最好控制在 60% 以内，以保证学生的话语量达到 40% 以上。

教师应对自己在英语课堂教学中的提问与反馈话语进行精心设计，以保证师生间的沟通顺畅。例如，针对提问话语，应多设计一些具有参考性或开放性的问题，以达到启发学生思考的目的；在学生回答问题时，教师应多使用肯定性话语进行反馈，尽量避免具评价性甚至否定性的话语反馈，如果不得不使用评价反馈，则要保证具体性、客观性。切勿一味地夸赞或一味地粗暴批评。此外，教师在课堂教学的过程中，要确保声音洪亮、语调丰富、清晰，节奏优美，表达流畅、自然，用词准确且丰富，质量高且有趣味性，以激发学生的学习兴趣与热情。

3. 适时、适度、适量地进行课堂语码转换，顺应学生的英语水平和接受情况

鉴于教师课堂语码转换具有强调重要信息、解释难点、产生幽默效果、调节课堂气氛、增强学生信心和兴趣、缓解学生焦虑、促进师生顺畅交流、集中学生注意力等重要功能，大学英语教师可以在课堂教学中使用少量英汉语码转换，但教师在何时使用语码转换、如何转换、转换多少、转换什么等问题上却需要提前设计，认真思考，谨慎对待，不能随意为之。首先，教师课堂语码转换频率不宜过高，否则会导致目的语输入不足，致使学生语言习得受到影响；其次，教师的课堂语码转换要适时、适度，切忌在不需要的情况下使用语码转换；最后，教师课堂语码转换的具体频率还要顺应学生的英语水平和接受情况。如果学生整体水平较高，教师就应该降低课堂语码转换的频率，总量要控制在 15% 以内；反之，若学生总体水平中等，则总量要控制在 40% 以内；若学生总体水平较低，则总量要控制在 50% 以内。

4. 修炼教师话语艺术，提高教师话语感染力

在大学英语课堂教学中，教师只有不断修炼自己的话语艺术，使自己的话语具有感染力，才能激发学习者的学习兴趣，从而提高其学习英语的效率，使其在愉悦、美好的课堂环境产生情感共鸣。

教师若想使话语具有艺术感染力可以采取一些切实可行的策略：一是表达要尽量简洁生动，充分考虑学生已有的认知水平；二是教师要适当使用体态语，使教师话语更加生动有趣，吸引学生的注意力。另外，使教师话语具

有感染力的一个重要策略就是使用幽默语言。幽默语言指教师依据课堂语境与教学内容，灵活运用非常规语言或各种修辞手法表达思想内涵，主要目的是克服逻辑话语容易使学生疲劳、厌倦的弊端，使学生在轻松愉快的氛围中领略一些复杂或严肃的思想主题蕴含的意义，或开启学生智慧，或引起情感上的共鸣。幽默语言是教师思想、智慧与灵感的结晶，是个人内涵、个人学识和经验积累的表现。教师要多搜集、多整理富有幽默感的格言、警句、妙语、风趣故事等素材，根据课堂语境灵活、适时地运用幽默语言。只有这样，教师才能让学生置身于轻松愉悦、活泼有趣的语言环境中受到启发和感染，习得语言。

教师课堂话语的质量和效率在很大程度上决定了大学英语课堂教学的质量和效率。目前，我国的大学英语教学中存在的一个问题是大学英语教师课堂有益性话语偏少，导致师生课堂缺乏真正的交流，学生的语用能力和跨文化交际能力也难以提高，最终影响了大学英语的整体课堂教学质量。未来的大学英语教师应该用生态学和生态语言学武装自己的头脑，采取一系列策略，构建生态课堂，提高课堂教师话语质量和课堂教学质量。

第三节　基于教育生态化英语课堂中的教师发展策略

教师发展研究目前已进入生态取向，在教学生态系统中，每个生态因子都有自己的生态位，高校英语教师作为关键因子自然也不例外。实现高校英语教师生态化发展，首先要对高校英语教师专业生态化发展有正确的认识，然后才能采取有效措施提升教学专业水平。

一、高校英语教师专业生态化发展的内涵

在高等院校教育中，英语教师不仅是英语教育教学工作的承担者，同时也是英语学科发展的专业化传承者。既承担着培养超高英语专业人才的任务，同时又承担着英语学科发展的建设任务，对国家科学技术的发展水平、社会物质文明与精神文明建设均有深远影响。高校英语教师传播、学习、继承并发展了先进的英语语言文学知识，为各行各业培养并输送了大量英语人才，为社会经济、文化的发展做出了重大的贡献。

教师专业化是指教师职业以其自身独特的职业要求与职业条件为依据，根据一定的培养与管理制度，加以专业化的针对性学习与训练，在教育实践中不断提升自身修养与综合素质，逐步掌握专业知识技能，成为一名合格的教育工作者的一系列过程。而教师专业生态化则是一个符合身心发展状态的，具有发展性概念的，不断完善、深化的过程。

二、高校英语教师专业生态化发展的意义

2014 年，国务院印发《关于加快发展现代职业教育的决定》（以下简称《决定》）为我国全面部署加快发展现代职业教育提供了指导，《决定》指出，要不断深化产教融合，做好中、高职学校的衔接工作，为普通教育与职业教育的沟通与交流打通上升道路，从而形成一条适应时代发展需求、体现终身教育理念的具有中国特色的现代化职业教育体系发展道路。在此种发展路径下，我国众多新生本科院校面临着由传统本科教育方式向应用技术型教育方式转型的关键时期。

时下，传统教学模式下的公共英语教师常因缺少针对性的职业发展规划而面临着前所未有的挑战。由 EGP 教师向 ESP 教师转型已成为一种趋势。这就要求 EGP 教师以适应时代发展需求为原则不断调整自身角色，顺应教改趋势，谋求一条新的发展路径。就目前而言，专业英语的发展不仅顺应了学生职业素养培养理念，而且为 EGP 教师的职业发展提供了一个新的契机。EGP 教师可以由传统意义之上的基础英语教师向专业英语教师进行转变，从而实现 EGP 教师的可持续发展规划。尤其是在我国高等教育改革与办学规模稳步出现良性发展趋势的背景之下，高校英语教师队伍亦在不断壮大。教师专业生态化发展日趋成熟，并在国际教育界已成为热门研究领域，高校英语教师专业生态化发展得到了社会各界的广泛关注，英语教师专业生态化发展已呈现出不可阻挡之势。

三、高校英语教师专业生态化发展的途径

生态学视角下的高校英语教师专业发展应是具有系统性、动态性、全面性的可持续发展过程，这不仅需要教师从自身角度重视其生态位的拓宽，也需要从外部环境给予教育生态环境保障。具体发展途径如下。

1. 教师积极主动地应对改革的洪流

高校英语教师专业生态化发展是通过内外力共同作用的结果。针对教师专业生态化建设，需要校方就相关教育教学制度与教研制度上做出相应的调整，以配合教师专业生态化发展，同时，这也需要教师针对自身的实际情况进行调整。高校英语教师专业生态化发展归根结底，是以教师为主体的专业发展，是一种教师主动发展的实现过程。基于此，教师在针对其专业生态位的发展中具有不可忽视的地位与重要作用。教师应以自身的发展目标为基础制定出合理、科学的职业发展规划，并针对相关情况进行社会性考察，积极参加公益性社会活动，以拓展自己的思路，提升自我改革与创新意识。

2. 鼓励教师团队建设

在生态学视角下，高校英语教师应打破传统教学模式中的学科壁垒，积极开展与专业课教师间的交流与合作。英语教师与专业课教师可组成 ESP 教学团队，英语教师补充强化专业知识，建立多元化的教师培养机制，主要体现在两个方面：一是教师阶梯队伍的多元化培养；二是品行素养、业务水平、专业发展三个维度的多元化培养。加强对青年教师的培养，为青年教师创造更多机会，将导师制工作落到实处，完善青年骨干的激励与培养机制。拓宽各类渠道，努力为青年教师创造多种参与国内外学术合作与进修的机会，开展各类教学竞赛活动，激励广大青年教师积极投入教学，参与教学改革，使院校青年教师严谨治教、勤奋治学，不断提高教学质量与水平，培养一支具有一流水平的师资队伍。

3. 多交流、多学习提高专业素养

首先，可以为英语教师提供多元化的学习、锻炼机会，使其在更广阔的平台开阔眼界；其次，通过校内教师互评、校际间 ESP 公开课以及交流会的形式进行校内外经验交流；最后，将学徒制模式引入高校，以资深教师之丰富经验通过传、帮、带使青年教师教学水平迅速提升，促进青年教师由 EGP 教师向 ESP 教师的转型升级，为其专业化发展提供助力。

4. 学校应给予政策上的支持

在学校方面，应积极鼓励教师进一步学习与深造，以定期选送或个人扶持的方式鼓励教师参加相关专业领域的继续教育与培训课程。强化教师系统性专业化培训，对英语专业重大理论与实践性问题的研究力度亦要逐步加大。校方应为教师进行教学改革与教学经验的交流提供支持，使其在实践过程中探寻出一条适合实践教学的特色教育教学路径。

总而言之，随着我国高等教育大众化进程的迅猛发展，我国高等教育改革所面临的重要问题即是教师如何提升自身教学能力与专业化发展路径的探索。因此，如何有效促进教师专业化发展，进一步提升教育教学质量与效率，是我国高等教育改革的关键点。

参考文献

[1] 宁云中．生态、空间与英语教育教学研究［M］．北京：中国戏剧出版社，2019.

[2] 魏华．大学英语生态课堂与生态教学模式的路径探索［M］．南京：东南大学出版社，2018.

[3] 范国睿．教育生态学［M］．北京：人民教育出版社，2000.

[4] 吴林富．教育生态管理［M］．天津：天津教育出版社，2006.

[5] 刘长江．信息化语境下大学英语课堂生态研究［M］．北京：世界图书出版公司，2014.

[6] 王翠英，孟坤，段桂湘．大学英语生态课堂与生态教学模式构建研究［M］．西安：西安交通大学出版社，2017.

[7] 宋金花，施洋．教师话语在构建大学英语生态课堂中的功能探究［J］．齐齐哈尔大学学报（哲学社会科学版），2014（2）：179－181.

[8] 龙江华．生态语言学视角下大学英语教师话语策略研究［J］．教育观察，2018，7（23）：67－70.

[9] 曹东波．新时期高校英语教师专业生态化发展研究［J］．考试周刊，2015（20）：11.

[10] 王婧．英语专业研究生生态化教学模式的建构［D］．曲阜师范大学，2011.

[11] 骆园．基于教育生态化理论对大学英语教学现状的反思与优化［J］．中国多媒体与网络教学学报（上旬刊），2019（6）：65－66.